좋은보험

사용설명서

사랑하는 우리 가족과
이 책을 읽는 독자들의 가정에
건강과 행복을 빌며

GOOD INSURANCE USER GUIDE

좋은보험
사용설명서

전의진 지음

보험에 가입하고 있는 당신이 반드시
알아야 할 핵심 정보

★★★★★
좋은보험에
가입하는
방법

★★★★★
가지고 있는
보험을 활용하는
방법

★★★★★
올바른 설계사를
구별하는
방법

바른북스

보험에 대한 사람들의 인식은 본인의 경험과 상황에 따라 차이가 발생한다. 그러나 다양한 위험이 존재하는 세상을 살아가는 과정에서 만약의 상황이 발생하는 경우 경제적인 도움을 받을 수 있는 보험이 필요하다는 사실에 대해 이제는 대부분의 사람이 동의하는 시대가 되었다.

보험은 우리의 삶에 매우 밀접한 위치에 있으며 많은 사람이 실생활 속에서 보험을 통해 도움을 받고 있다. 하지만 보험소비자 입장에서 보험은 계속해서 관심을 가지기 어려운 주제이기에 복잡하고 어렵게 느껴지는 것이 현실이다. 그렇다 보니 보험에 대해 잘 모르고 가입하거나 현재 본인이 가입한 보험에서 어떠한 보장을 받을 수 있는지에 대해서도 잘 모르는 경우가 많다.

인터넷의 발달로 보험에 대한 정보 비대칭이 해소되기 시작하면서 필요함을 느끼는 보험소비자들이 주도적으로 정보를 검색하는 시대로 접어들었다. 이제는 오히려 넘치는 정보 속에서 본인에게 필요한 올바른 정보를 분별하는 것이 일반 소비자들이 새롭게 마주한 과제가 되었다. 이에 따라 보험에 대한 기본적인 개념과 본인의 기준을 정립하는 것이 필요하게 되었다.

"좋은보험 사용설명서"는 소비자 입장에서 보험에 대한 개념과 기준을 올바르게 정립할 수 있도록 도와줄 수 있는 책이다. 객관적인 근거와 통계자료, 다양한 사례를 통해 독자가 보험에 대한 개념과 정보를 쉽게 이해할 수 있도록 구성되어있다. 보험에 대한 개념 정립이 필요한 소비자 또는 보험영업을 처음 시작하는 신입 설계사라면 꼭 읽어보는 것을 추천한다. 이 책을 통해 보험에 대한 전반적인 이해가 가능해질 것이다.

마이리얼플랜 '보닥'
사업총괄 임지운

  금융 및 재무에 관심이 많아 금융 분야에서 보험과 관련된 직
업을 선택하고 이를 영위하는 과정 속에서 수많은 고객을 만날
수 있었다. 다양한 사람들을 만나고 상담하면서 느낀 보험을 바
라보는 사람들의 시선은 매우 다양하다. 가족이 아팠던 기억이
있어 보험의 필요성을 절실히 느끼고 꼭 필요하다고 생각하는 사
람, 보험에 가입하고 싶지만 병력으로 인해 가입이 어려워 전전
긍긍하는 사람, 건강하기에 보험에 대해 생각해보지 않은 사람,
보험에 잘못 가입해 손해를 본 사람, 보험가입 후에도 제대로 가
입한 것이 맞는지 고민하는 사람, 고정적으로 빠져나가는 보험료
가 부담되어 해지를 고민하는 사람 등 개개인 모두가 각자 자신
의 삶이라는 서로 다른 환경 속에서 보험을 바라보고 있었다.

이 과정 속에서 느낄 수 있었던 대다수 고객의 공통점은 그들에게 보험에 대한 개념이 제대로 정립되어있지 않고 보장에 대한 이해가 충분하지 않다는 부분이었다. 일반적인 사람들에게 보험은 매우 복잡하고 어려운 것으로 인식되고 있기 때문이다. 보험은 하나의 금융 전문 분야로써 실제로 복잡하고 어려운 것이 사실이기도 하고 가입자가 수많은 상품과 구조, 보험약관 등에 대해서 모두 알고 가입하는 것은 현실적으로 불가능하기 때문에 이러한 정보의 비대칭성은 보험을 어렵고 복잡하게 만드는 매우 주요한 원인이 되었다. 결과적으로 좋은보험에 가입할 수 있는지 여부는 본인이 얼마나 알아보고 좋은 전문가를 만나느냐에 따라 결정되는 것이 현실이다.

요즘은 인터넷 및 커뮤니티의 발달로 인해 보험에 대한 정보를 얻는 것이 이전처럼 어렵지 않게 되었지만, 정보가 많아진 만큼 잘못된 정보 또한 많아 오히려 사람들에게 혼란을 주는 경우도 빈번해졌다. 올바른 정보를 분별하고 구분하는 것 또한 비전문가인 일반 고객들에게는 여전히 힘든 것이 사실이다. 그래서 일반인들이 보험에 대한 올바른 개념을 정립하고 보험에 대한 전반적인 이해를 돕기 위해 책을 쓰게 되었다.

보험이라는 금융상품은 모든 개개인에게 다르게 인식되고 각자 처한 환경이 모두 다르기에 니즈는 서로 다르게 형성된다. 하지만 대부분의 사람에게 공통적으로 적용될 수 있는 올바른 방향성을 가진 보험과 보장구성은 존재한다. 보험은 장기간 보험료를 납입하고 평생을 보장받는 만큼 잘 가입하는 것이 중요한 금융상품이다. 이 책을 통해 보험에 대한 올바른 개념을 정립하고 자신에게 필요한 좋은보험상품을 구성하여 평생에 걸쳐 잘 활용할 수 있기를 희망한다.

전의진

목차

· chapter 1 ·

좋은보험
사용설명서

· chapter 2 ·

보험에 대한
올바른 이해

· chapter 13 ·

맞춤형 보험 설계

· chapter 14 ·

마무리하며

보험에 가입한 사람은 많지만
좋은보험에 가입하고 활용하는 사람은 별로 없다.

chapter
1

좋은보험
사용설명서

**GOOD INSURANCE
USER GUIDE**

좋은보험
사용설명서

보험이 없는 사람은 없다

건강보험공단의 자료에 따르면 국민의 10명 중 9명 이상이 민간건강보험에 가입하고 있다고 한다. 이를 통해 건강보험공단에서 시행하는 전 국민 국민건강보험제도에 더하여 추가적인 보장을 받기 위해 민간보험사의 보험상품에 가입하고 있는 국민의 비율이 매우 높다는 것을 알 수 있다. 이는 많은 사람이 보험의 필요성을 느끼고 자신과 가족의 위험을 관리하고 대비하고 있다는 뜻이다.

국민의 복지와 편의를 위해 운용되는 건강보험제도와는 달리 민간보험사에서 가입하는 건강보험은 개인의 필요에 따라 보험료를 납입하고 추가적인 보장을 받고 싶은 사람을 대상으로 보험사와 가입자가 개별적으로 체결하는 계약이다. 보험은 이제 가입하지 않은 사람을 찾기 힘들 정도로 보편화되었다. 정부의 정책성 보험인 실비보험, 풍수해보험과 자동차를 운전하는 경우 의무적으로 가입해야 하는 자동차보험, 다중이용업소의 경우 의무적으로 가입해야 하는 화재배상책임보험 등의 보험들과 같이 보험은 이제 우리의 삶에서 떼려야 뗄 수 없는 필수적인 요소로서 우리 삶의 일부가 되었다.

삶의 일부인 보험이기에 공과금, 통신요금, 식비와 같이 보험을 위한 보험료는 우리의 생활 속에서 재무적인 고정지출을 발생시킨다. 재무와 재테크에 대한 관심이 많아지는 현재 시점에서

대부분 사람의 삶 속에서 발생하고 있는 고정적인 지출인 보험에 대한 관심이 증가하게 되면서 현재 가입한 보험에 대해 합리적인 소비가 이루어지고 있는지 여부 또한 중요해지게 되었다. 보험에 가입하는 상황이라면 좋은보험인지, 이미 가입한 상황이라면 내게 필요한 보험인지, 좋은보험으로 가입했는지 여부를 알아야 할 필요성이 생기게 된 것이다.

당신의 보험은 좋은보험인가요?

좋은보험이란 무엇일까? 좋은보험인지 여부를 알기 위해서는 고려해야 하는 요소가 너무나도 많다. 가입자에게 적합한 상품인지, 보장내용에 따른 보험료가 적정한지, 납입기간과 보장기간이 적절한지 여부 등 개인의 상황에 따라 수많은 기준들이 존재하기 때문이다. 몇가지 예를 살펴보자. 심장질환 진단비를 준비하기 위한 목적으로 생명보험사의 종신보험에 가입한다면 적합할까? 종신보험의 보장내용으로 심장질환 진단비를 구성하는 것은 가능하지만, 종신보험의 특성상 주계약으로 일반사망보험금이 필수적으로 가입되어야 하기에 사망보장이 필요한 사람이 아니라면 필요하지 않은 보장내용과 보험료를 구성하게 될 것이다.

어린이보험으로 가입 가능한 어린이가 성인종합보험으로 가입한다면? 어린이보험은 성인보험에 비해 보험료, 납입면제 조건, 가입한도 등 종합적으로 유리하기 때문에 가입이 가능하다면 어린이보험으로 가입하는 것이 유리할 것이다. 태아보험에 가입하면서 보장기간을 80세로 설정한다면? 평균수명이 100세가 넘어갈 것으로 예상되는 지금 80세만기의 보험가입은 추가적인 보험가입 또는 리모델링 소요를 발생시킬 가능성이 높기 때문에 충분한 보장기간을 설정해주는 것이 중요하다. 뇌질환 보장을 받으려고 보험에 가입했는데, 통계상 가장 빈도가 높은 뇌경색 및 뇌졸중을 보장받을 수 없다면? 어떤 질병이 발생할지 알 수 없기에 이를 대비하기 위해서는 넓은 보장범위로 가입하는 것이 중요하다. 보장범위는 곧 보상을 받을 가능성이 높아지는 것을 의미하기 때문이다.

이처럼 좋은보험을 판단하기 위해서는 개인에 상황에 맞춘 종합적인 고려가 필요하다. 이러한 항목들은 뒤에서 다룰 내용에서 충분히 다룰 예정이며, 이를 읽어보고 이해한다면 나에게 필요한 보험이 무엇인지, 어떤 보험이 좋은보험인지, 내가 현재 가지고 있는 보험은 어떤지에 대한 판단이 가능해질 것이다.

보험점검이 필요하다

거의 모든 사람이 보험에 가입하고 있는 요즘은 기존에 가입하고 있는 보험을 재정비하는 보험 리모델링, 보험료 다이어트가 인기를 끌고 있다. 보험에 대한 정보 접근성이 증가하고 재무와 재테크에 대한 관심이 늘어나면서 고정지출을 줄이고, 좋은 보장내용으로 가져가려고 하는 합리적인 소비자가 늘어났기 때문이다. 리모델링이나 다이어트를 할 필요 없이 처음부터 보험에 잘 가입했다면 좋았겠지만, 보험이 보편화되는 과정에서 보험에 대한 제대로 된 설명과 이해 없이 가입이 이루어졌던 잘못된 풍조로 인해 본인에게 필요하지 않은 보험, 보장범위가 좁은 보험, 보장내용 대비 보험료가 비싼 보험으로 가입되어있는 경우가 빈번한 것이 현실이다. 보험점검 및 리모델링, 다이어트를 통해 더 넓은 보장내용과 금액을 포함시키거나 보험료를 낮추는 것이 가능해지고 이에 대한 인식이 확산되면서 기존에 가입한 보험에 대한 보험점검은 필수이자 더욱 중요한 요소가 되었다.

보험점검은 앞으로 내가 어떠한 상황에 어떠한 보장을 받을 수 있는지 확인하는 과정으로 살면서 꼭 한번은 짚고 넘어가야 한다. 비효율적인 보장내용 및 불필요한 보험료가 있다면 이를 바로잡음으로써 더욱 가성비 좋은 효율적인 보험을 가져갈 수 있고 자신의 보험을 이해함으로써 현재 가입한 상품을 더욱 잘 활용할 수 있게 되기 때문이다. 이 책을 통해 독자분들이 자신의 보험을 점검하고 나와 가족의 미래를 책임질 '좋은보험'을 꾸려나갈 수 있기를 희망한다.

보험을 올바르게 이해해야만
나에게 필요한 보험을 구분하고
좋은보험에 가입할 수 있다.

chapter
2

보험에 대한
올바른 이해

GOOD INSURANCE
USER GUIDE

보험에 대한
올바른 이해

보험이란 무엇인가요?

일상 속에서 '보험'이라는 단어는 흔히 사용된다. 어떤 행동을 할 때에 혹시 모르는 상황을 대비하여 미리 준비하거나 추가적인 여력을 구비하거나 어떤 일이 계획대로 풀리지 않았을 때의 대안을 의미한다. '혹시 모르니까 A는 보험으로 남겨두자' '혹시 모르니까 보험으로 B한테 연락해뒀어' 등 이런 유사한 상황 속에서 활용되는 보험이라는 용어는 혹시 발생할지 모르는 경제적 손해에 대비하기 위한 것이라는 공통점을 가지고 있다. 그리고 이러한 보험의 특징을 바탕으로 다수의 경제 주체를 바탕으로 경제적으로 결합한 보험이라는 금융상품이 우리가 일반적으로 이해하고 있는 보험이다. 보험이란 우리 모두에게 발생할 수 있는 위험인 재해나 사고, 질병이 발생할 경우 경제적인 손해를 대비하기 위해 미리 일정한 돈을 적립하고 사고를 당한 사람에게 정해진 금액을 주는 형태의 계약을 의미한다.

보험의 역할은 다양하다. 먼저 보험은 위험을 분산시키는 역할을 수행한다. 다수의 경제 주체가 결합하면서 재해 또는 질병이라는 같은 위험을 여러 명이 공동으로 부담함으로써 개인의 위험 요소를 낮추는 것이 가능해지기 때문이다. 이를 반영하는 가장 대표적인 것은 바로 '보험료'다. 다수의 다른 사람들과 위험을 나누기에 받을 수 있는 보장금액보다 훨씬 저렴하게 형성되는 보험료를 일정 기간에 나누어 납입함으로써 보장을 받을 수 있는 것이다. 이처럼 보험의 발달은 저렴한 비용으로 발생할 수 있는 큰 지출 및 위험을 대비할 수 있는 효율적인 수단으로 자리매김하게 되었으며 우리 주변에서 저렴한 보험료를 납입하고 보장 혜택을 받는 경우를 자주 접할 수 있게 되었다.

다수의 경제주체가
함께 준비하는 위험

다음으로 보험은 위험을 개인이나 기업에게서 보험사로 이전시키는 역할을 한다. 개인은 보험가입을 통해 언제 발생할지 모르는 위험에 대한 통제와 관리를 전문적으로 수행할 수 있는 역량을 갖춘 보험사에 위험을 이전시킴으로써 효율적인 위험관리가 가능하다. 보험사는 전문 위험관리자의 역할을 수행하며 연령, 성별, 특정 질병에 대한 발생 통계, 사고에 대한 발생 가능성 및 손해액 산정, 물가상승률 등을 고려한 보험료 결정 등 오랫동안 축적된 다수의 데이터와 전문능력을 바탕으로 개개인이 수행할 수 없는 위험에 대한 관리를 효율적으로 수행하여 개인의 위험관리 부담을 감소시킨다.

마지막으로 보험은 사회적 안전망의 역할이자 나와 다른 사람을 보호해주는 역할을 수행한다. 우리나라는 국민건강보험, 고용보험, 산재보험 등 국민의 복지와 관련된 사회보험이 발전한 나라에 속한다. 우리나라를 포함한 많은 나라가 사회보험 가입을 의무화시켜 국민의 건강과 일정 이상의 소득보장을 목표로 하고 있으며 보험은 이를 위한 주요한 수단으로써 활용되고 있다. 또한 가입이 강제되어있는 자동차보험과 같은 성격의 의무보험은 내게 발생하는 손해를 보장해줄 뿐만 아니라 손해액을 청구할 권한이 있는 피해자가 가해자의 배상 능력과 상관없이 보험을 통해 제대로 보상을 받을 수 있는 권리를 보호해주는 역할을 한다. 이

렇듯 보험은 개인의 효율적인 위험관리와 함께 다른 사람을 위한 안전망의 역할을 수행한다.

보험가입의 필요성

왜 사람들은 모두 보험에 가입하고 있을까? 우리가 보험에 가입하는 이유는 크게 두 가지로 구분된다. 첫 번째는 우리가 살아가는 데 있어 발생할 수 있는 큰 비용을 대비하기 위함이다. 일상 속에서 우리가 주변 사람들에게서 종종 접할 수 있는 교통사고, 암, 협심증, 뇌경색, 치매 등의 소식은 위험이 우리에게 언제나 존재하는 위험을 상기시키며 보험은 이를 대비할 수 있는 가장 효율적인 방법이기 때문이다. 실제로 어떠한 사고나 질병으로 인해 발생하는 비용은 적게는 수백만 원에서 시작해 수천만 원, 많으면 수억이 넘어가는 경우도 있다. 이처럼 갑작스럽게 비용이 발생하는 상황 속에서 개인이 바로 현금화시킬 수 있는 유동자산이 없다면 사고는 곧 심각한 경제적 타격으로 이어지며 경제적인 위험에 직면한다. 특히 우리나라는 생활비, 부동산 등으로 가계대출의 비중이 매우 높은 편에 속하기 때문에 갑작스러운 큰 비용에 대응하기가 쉽지 않아 보험의 중요성이 더욱 강조되는 상황이다. 보험은 이러한 경제적인 위험 비용을 효율적으로 대비할 수 있는 수단이 된다.

 우리가 보험에 가입하는 두 번째 이유는 보험은 미래를 대비하는 안정적인 저축 수단이기 때문이다. 사람들이 노후를 대비하는 방법으로 가장 먼저 떠올리는 것은 바로 연금이며 연금을 준비하는 대표적인 금융상품이 바로 보험이다. 많은 사람이 보험을 통해 미래의 연금을 준비하고 있다. 보험은 장기 저축으로써 은행보다 높은 이자와 복리 효과를 적용받을 수 있고 10년 이상 유지 시 비과세 혜택을 받을 수 있는 유일한 금융상품이다. 또한 연금 저축의 경우에는 세액공제 등의 혜택을 받을 수 있어 보험을 통해 장기 저축 시 안정적이고 효율적인 이자 효과를 얻을 수 있다는 장점이 있다. 그리고 적립된 자금을 바탕으로 연금으로 수령하게 되면 종신형 연금 등의 선택권을 부여하여, 평균수명이 증가하고 있는 현재 상황 속에서 꾸준히 연금을 보장받을 수 있고 오래 살수록 더 많은 연금을 받을 수 있다는 장점이 있어 미래를 대비하는 주요한 수단으로 활용되고 있다. 이처럼 보험상품은 잘 활용하는 경우 혹시 발생할지 모르는 큰 비용에 대한 대비와 함께 미래를 안정적으로 준비할 수 있는 주요한 자산이 된다.

경제적인 대비수단이자 저축의 수단

보험은 보장자산이다

보험을 재무적인 관점에서 바라보면 보험은 보장자산이자 저축을 위해 필수적인 역할을 수행한다. 보장자산이란 다른 자산의 안전망이자 보호막의 역할을 하는 자산을 의미한다. 자산은 경제활동을 통한 저축을 통해 형성되며 개인은 저축된 금액을 통해 생활비, 결혼자금, 주택 마련자금, 교육자금, 노후자금 등의 목적자금을 준비하고 실천한다. 하지만 목적자금을 모아가는 과정에서 큰 비용이 발생하는 사건이 생긴다면 어떻게 될까? 기존의 재무적인 계획들을 완전히 새롭게 수정해야 하는 상황이 발생할 것이다. 예를 들어 결혼자금 5천만 원을 목표로 돈을 모으는 과정에서 암을 진단받아 2천만 원의 치료비가 발생한다면? 결혼자금을 모으는 기간은 더욱 길어지고 당연히 결혼이라는 시기도 뒤로 늦출 수밖에 없게 될 것이다. 혹시라도 더 많은 비용이 발생한다면, 결혼은 물론이고 그 외의 다른 재무적 목표를 포기해야 하는 등 삶의 재무계획에 있어 부정적인 역할을 미치게 되는 것은 당연한 일이다.

언제 발생할지 모르는 경제적인 위험은 우리의 삶 속에서 재무적인 목표 달성에 어려움을 발생시킨다. 그리고 이러한 재무계

획에 대한 위험은 보장자산인 보험을 통해 해결이 가능하다. 앞에서 예로 들었던 결혼자금 5천만 원을 모으는 과정 속에서 매월 100만 원씩 저축했다고 가정해보자 5천만 원을 모으기 위해 필요한 시간은 50개월이다. 하지만 저축을 하던 중 40개월이 지났을 때 암을 진단받아 2천만 원의 치료비가 발생한다면, 모은 4천만 원에서 2천만 원이 감소해 다시 2천만 원이 되고 치료 등으로 인해 저축에도 차질이 생기게 될 것이다. 그러면 다시 5천만 원을 모으기 위해서는 최소 30개월 이상의 시간이 추가적으로 필요하게 된다. 결과적으로 예측하지 못한 위험으로 인해 5천만 원의 목적자금을 모으기 위해 70개월이 소요되며 이는 처음 목표한 50개월보다 20개월이나 증가한 시간이다.

하지만 저축을 하면서 보장자산인 보험을 함께 가입했다면 상황은 달라진다. 암 5천만 원을 보장받을 수 있는 20년납 100세만기 10만 원짜리 종합보험에 가입했다고 가정해보자, 100만 원을 모두 저축하는 것이 아닌 보장자산 10만 원과 목적자금 90만 원으로 나누어 저축한다면? 5천만 원을 모으기 위해 필요한 시간은 56개월이다. 그리고 동일하게 40개월이 지났을 때에 암을 진단받아 2천만 원의 치료비가 발생한다면? 40개월 동안 모은 저축금액은 3,600만 원으로 2천만 원의 비용이 발생했지만 보험금으로 5천만 원을 보장받을 수 있다. 결과적으로 (+) 3천만 원이 된 셈이다. 하지만 여기서 집중해야 하는 점은 (+) 3천만 원이 아닌 40개월 동안 모은 저축금액 3,600만 원이 보험이라는 보장자산에 의해 보전되었다는 점이다. (+)로 받은 보험금을 목적자금으로 활용할 수도 있겠지만, 적어도 56개월 동안 5천만 원을 모은다는 기존의 저축계획에 영향이 없다는 점은 보장자산이 저축의 핵심적인 역할을 한다는 것을 보여준다.

이처럼 보험은 보험료라는 비용을 바탕으로 우리의 삶 속의 재무계획을 안정적으로 유지해주는 역할을 한다. 보험은 효율적인 저축을 위한 핵심적인 수단이며, 효율적으로 저축을 위해서는 보장자산인 보험을 함께 구성해주는 것이 매우 중요하다는 것을 알아야 한다.

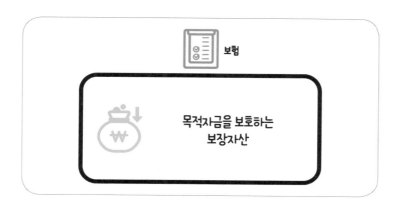

보험은
장기 금융상품이다

보험은 장기간 보험료를 납입하고 평생을 보장받는 장기금융 상품이다. 즉 보험에 가입할 때 본인의 선택이 평생에 영향을 미친다는 뜻이다. 그렇기에 어떤 설계사와 만나 어떤 보험을 선택하느냐가 매우 중요한 요소가 되는데, 잘못된 보험에 가입하게 될 경우 보험료는 보험료대로 납입하고 보장은 보장대로 제대로 못 받게 되는 상황이 발생할 수 있기에 각별한 주의가 필요하다. 잘못된 보험가입으로 나중에 결국 해지하게 된다면 보험료와 보장에 손해가 발생한다. 또한 같은 보장이라도 보험사 및 상품 구조에 따라 보험료 차이가 발생할 수 있는데, 이러한 보험료 차이도 총 납입하는 보험료를 비교해보면 적은 금액이 아니기에 보험에 가입할 때에는 여러 가지 사항을 고려해서 나에게 필요한 좋은보험을 찾아야 한다.

보험가입에 있어 잘못된 선택이 이루어지는 것은 보험에 대한 정보의 부족과 이해의 부족 때문이다. 어떤 상품을 구매할 때 어느 정도 기본적인 지식이 있어야 더 좋은 상품을 구매할 수 있는 것처럼 보험도 마찬가지로 더 좋은보험에 가입하기 위해서는 보험에 대해서도 어느 정도의 기본적인 지식은 갖추고 있어야 한다. 또한 보험은 실제로 내가 평생 보장받고 활용해야 하는 상품이기에 내가 가입한 보험에 대해서도 어느 정도 이해를 하는 것이 필요하다. 이 책에서 다룰 내용을 통해 보험에 대한 기본적인 이해가 바탕이 된다면, 전문적인 설계사와 비전문적인 설계사, '좋은보험'과 '나쁜 보험'을 구분하고 더 좋은보험으로 가입할 수 있게 될 것이다.

lo만원 2o년납 보험상품

lo만원 X 24o개월   24oo만원

보험 관련 용어와 개념은
보험을 이해하고 가입하는 것부터
보험을 활용하고 보상받는 전 과정에 걸쳐 활용된다.

chapter
3

보험 관련
개념정리

GOOD INSURANCE
USER GUIDE

보험 관련
개념정리

보험용어에
대해서 알아보자

보험용어는 보험을 이해하기 위해 가장 먼저 알고 숙지해야 하는 사항이다. 보험증권을 확인하거나 약관을 확인할 때, 보험상품에 대한 설명을 들을 때에 기초적인 보험용어를 알고 있어야만 보험에 대한 올바른 이해가 가능하고 주체적인 보험가입이 가능하기 때문이다. 용어에 대해 잘 모른다고 해서 그러려니 하고 넘어가는 순간 좋은보험을 놓칠 가능성은 매우 높아지고 보험용어를 모르면 보험가입 이후에도 내가 보험을 통해 어떠한 조건과 보장내용을 바탕으로 보장받고 있는지 모르는 것이 당연해진다.

보험의 가장 기본적인 용어와 개념들에 대해서 정리해보았다. 용어들을 모두 외우고 있을 필요는 없지만, 적어도 설명을 듣거나 상품설명서, 약관에 명시된 규정을 확인할 때에는 정리된 내용을 다시 한번 상기하면서 제대로 이해할 수 있어야 한다.

- 계약자

보험계약의 당사자. 보험에 대한 권한이 있으며 보험료를 납입하는 사람이다.

- 피보험자

보험의 목적으로 보험의 대상이 되는 자로서 고지의무의 대상이 되는 사람이다.

- 수익자

보험사고(질병 및 사고) 발생 시 보험금 청구권을 가지고 보험금을 수령 하는 사람. 수익자를 별도로 설정하지 않는 경우 계약 내용에 따라 계약자 또는 피보험자, 법정상속인이 수익자가 된다.

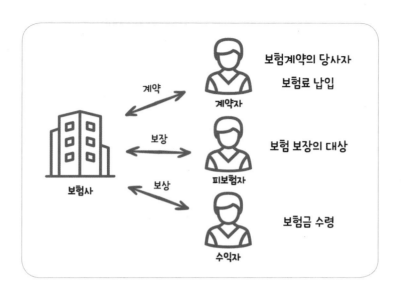

- 보험 나이

　보험료 산정의 기준이 되는 나이. 계약일에서 생년월일을 빼고 6개월 이상이면 1살을 더하는 방식으로 계산한다.

- 보험사고

보험사가 보험금을 지급하기로 약정한 사고. 재해 및 질병을 말한다.

- 보험금

보험계약에 따라 보험사고 발생 시 보험사가 수익자에게 지급하는 금액이다.

- 보험증권

보험계약 성립을 증명하는 문서로 계약 및 보장내용의 확인이 가능하다.

- 납기(납입기간)

보험료를 납입하는 기간. 기간을 기준으로 한 10년/20년/30년 납 등의 연납, 나이 기준인 50세/60세/70세 등의 세납, 보장기간 동안 보험료를 납입하는 전기납 등이 있다.

- 만기(보장기간)

보험계약에 따라 보장을 받는 기간. 기간을 기준으로 한 10년/20년/30년 등의 연만기, 나이를 기준으로 한 80세/90세/100세 등의 세만기가 있다.

– 친권자

  미성년자에게 친권을 행사할 권리와 의무가 있는 사람. 미성년 자녀보험 가입 시 부모에 해당한다.

2021년 1월 5일
20년동안 보험료를 납입하고
100세까지 보장을 수 있는
자녀보험에 가입하는 어머니

2021년 3월 1일 자녀가 넘어져
골절을 진단받아 50만원을 수령

○ 계약자 : 어머니   ○ 피보험자 : 자녀
○ 수익자 : 어머니   ○ 납기 : 20년
○ 만기 : 100세   ○ 보장개시일자 : 21.1.5.
○ 보험사고 : 골절   ○ 보험금 : 50만원

– 주계약/기본계약

  보험의 주 내용이 되는 계약으로 보험가입을 위해 필수적으로 가입해야 하는 계약이다.

– 특별약관(특약)

  보험가입 시 주계약 및 기본계약에 추가적으로 설정할 수 있는 보장이다.

주계약과 특약

구분	주계약 / 기본계약	특약
생명보험	일반사망	암 진단비, 뇌졸중 진단비 급성심근경색 진단비, 수술비 등
손해보험	상해사망 상해후유장해 등	

- 보험약관

보험계약에 대한 계약자와 보험사 쌍방의 권리와 의무를 규정한 조항. 계약에 관한 사항과 보험금 지급 사유를 명시해놓은 규정이다.

- 보장보험료

주계약 및 특약에 대한 보장을 받기 위해 보험사에 납입하는 보험료이다.

- 적립보험료

보장보험료와 별도로 추후 적립 및 환급을 위해 추가적으로 납입하는 보험료이다.

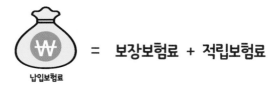

= 보장보험료 + 적립보험료

– 고지의무

　보험가입에 영향을 줄 수 있는 피보험자의 과거 병력 및 치료 이력에 관한 내용을 보험사에 대해 알려야 하는 계약자의 의무. 고지의무 위반 시 보험사는 내용에 따라 보험금 지급 거절 및 보험계약 해지가 가능하다.

– 통지의무

　보험계약 후 피보험자의 위험변경 등의 내용을 보험회사에 알려야 하는 의무. 통지의무 위반 시 내용에 따라 보험사의 보험료 증액 청구 및 계약 해지가 가능하다.

고지의무와 통지의무

구분	가입자의 의무
고지의무	3개월 내 질병 진단, 5년내 수술 및 입원여부 등
통지의무	직업, 운전상태 등

- 심사

보험가입을 위한 계약자의 고지내용 및 보험금 청구 이력을 통해 보험가입 가능 여부를 결정하는 단계이다.

- 할증

피보험자의 과거 병력 및 치료 이력에 대해 보험사가 보험료를 인상하는 조건으로 보험계약을 인수하는 조건이다.

- 부담보

피보험자의 과거 병력 및 치료 이력에 대해 특정 부분에 대해 보장하지 않거나 특정 기간 동안 보장하지 않는 조건으로 보험계약을 인수하는 조건이다.

- 보장개시일

보험계약에 따라 보장이 개시되는 날짜. 보험계약 청약 후 첫번째 보험료 입금일 기준으로 보장개시. 특약의 면책기간에 따라 보장 개시일자가 다른 경우도 있다.

- 면책기간

계약일로부터 일정 기간 내에 발생한 보험사고에 대해 보장하지 않는 기간을 말한다.

- 감액기간

　보험금 지급 사유가 발생하였을 때 보험금을 감액하여 지급하는 기간이다.

면책기간과 감액기간

예시	면책기간	감액기간
일반암	계약일로부터 90일이 지난 날의 다음 날	1년 또는 2년 동안 50% 지급
임플란트		2년 동안 50% 지급

- 해지

　보험계약자 또는 보험사에 의해 보험계약이 종료되는 일이다.

- 실효

　계약한 보험의 효력이 사라지는 일. 보험료를 2회 이상 납입하지 않을 시 실효 상태가 된다.

- 부활

　보험계약이 실효되었을 경우 연체보험료에 약정이자를 붙여 보험사에 납입하고 계약의 부활을 청구하는 것. 실효 후 3년 이내까지 부활 청약이 가능하다.

- 사업비

　보험회사의 영업 및 부대비용에 사용되는 비용으로 보험료에 포함되어있다.

- 해지환급금

　보험계약의 해지로 인해 돌려받는 환급금. 보험계약 적립액이다.

- 갱신형

　만기까지 일정 기간을 주기로 보험료가 갱신되는 형태의 보험이다.

- 비갱신형

　정해진 기간 동안 변하지 않는 보험료를 납입하고 만기까지 보장받는 상품이다.

갱신형 / 비갱신형 예시

구분	예 시
갱신형	100세 만기 5년 갱신. 90세 만기 20년 갱신
비갱신형	20년납 100세 만기. 30년납 90세 만기

- 납입면제

특약에 따라 일정 상태가 되었을 때에 차후 보험료 납입을 면제받는 조건이다.

- 무해지환급형(저해지환급형)

보험료 납입 중 해지 시 해지환급금이 없거나(무해지환급형) 적고 (저해지환급형) 납입이 완료된 후에 해지환급금이 발생. 중도 해지 환급금이 없는 대신 일반형에 비해 보험료가 약 20~30% 저렴하게 형성된다.

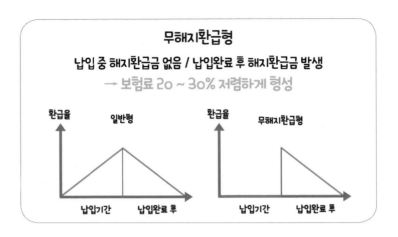

무해지환급형

납입 중 해지환급금 없음 / 납입완료 후 해지환급금 발생

→ 보험료 20 ~ 30% 저렴하게 형성

환급율   일반형   환급율   무해지환급형

납입기간   납입완료 후   납입기간   납입완료 후

– 순수보장형(소멸성)

적립보험료 없이 보장성 보험료로만 구성된 상품이다.

– 만기환급형

주계약 또는 적립보험료를 추가하여 만기에 일정 금액을 환급 받는 상품이다.

기본적인 용어에 대해 제대로 알지 못한다면, 갱신형 상품을 비갱신형 상품인 줄 알고 가입한다거나 보장보험료와 적립보험료를 합한 납입 보험료를 보장을 위한 보험료인 것으로 이해할 수 있다. 또 보장에 있어서도 특약별로 다르게 구성되는 만기를 구분하지 못하고 모두 100세까지 보장받을 수 있다고 착각하는 경우가 빈번하다. 나중에 착각한 부분을 깨달았을 때에는 이미 돌이킬 수 없으므로 용어를 잘 알아두어야 할 필요가 있다.

보험의 차이를 구분하자

일상생활 속에서 보험에 대해 이야기할 때 그 차이를 크게 구분하지는 않지만, 실제 보험에 대해 자세하게 살펴보면 그 종류와 내용은 매우 다양하다. 여러 종류의 보험들은 각자 만들어진 목적이 있고 그 역할이 다르기 때문에 보험이 필요한 대상이 다르고 보장내용 및 보험료에서도 차이가 발생한다. 따라서 보험사의 차이 및 보험의 종류, 구조, 보장내용 등을 이해해야만 나와 가족에게 필요한 좋은보험을 구분할 수 있다.

하지만 고객들을 만나다 보면 실제 보험가입의 목적에 어긋난 상품에 가입한 사례를 상당히 빈번하게 접할 수 있다. 저축을 목적으로 가입한 보험이지만 오랜 기간 보험료를 납입해도 이자는 커녕 원금이 되지도 않는 엉뚱한 상품에 가입한다거나 운전면허도 없는 사람이 운전자 특약에 가입하는 등 보험의 종류와 그 보장내용을 제대로 이해하지 못했기 때문에 발생하는 문제점이다. 이처럼 제대로 이해하지 못하고 가입하는 상품은 결국 해지 또는 리모델링으로 이어지게 되고 중도 해지는 곧 금전적인 손해로 직결된다. 보험을 이해하기 위해 생명보험사와 손해보험사의 차이부터 순차적으로 하나씩 알아보자.

생명보험 vs 손해보험

생명보험은 사람의 생존과 사망에 따른 보장을 위해 만들어진 보험사로 일반적으로 정해진 금액을 보장하는 보험이다. ○○생명, ○○라이프 등의 보험사에서 취급하며 대표적인 상품으로는 종신보험, 정기보험, 연금보험, 교육보험, CI보험 등이 있다. 생명보험 상품들은 공통적으로 생명과 삶에서의 자금 설계를 중심으로 이루어지는 보험이라는 특징을 지닌다.

손해보험은 재산상의 손해를 보장하기 위해 만들어진 보험사로 실제 손해에 비례해서 보험금을 지급하는 보험이다. ○○손해, ○○화재, ○○해상 등의 보험사에서 취급하며 대표적인 상품으로는 상해보험, 자동차보험, 화재보험, 책임보험 등이 있다. 손해보험 상품들은 공통적으로 손해에 대한 보장을 중심으로 이루어지는 보험이라는 특징을 지닌다.

생명보험과 손해보험은 모두 질병 및 사고로 인한 위험에 대한 상품을 다룬다. 보험의 성격이 서로 다르기 때문에 과거에는 상품구성 및 보장내용에 차이가 큰 편이었다. 그러나 보험 산업이 발전하면서 점차 그 경계가 허물어져 이제는 고유의 보험영역을 제외한 사람과 관련된 보험을 다루는 생명보험과 손해보험은 어느 정도 비슷해졌다. 하지만 앞에서 설명한 보험의 성격과 목적의 차이로 인해 보험에 가입할 때 보험의 종류에 따라 생명보험사 또는 손해보험사로 가입할 때 좀 더 유리한 조건의 상품이 존재하게 되었다.

– 사망보험을 준비한다면?

생명보험사 상품으로 가입하는 것이 유리하다. 생명보험사에서 보장하는 일반사망은 손해보험사에서 보장하는 질병사망 및 상해사망보다 사망의 범위가 넓고 보장 대비 보험료 또한 저렴하게 형성되기 때문이다.

- 질병/상해보험을 준비한다면?

진단비, 수술비 등의 보험은 손해보험사 상품으로 가입하는 것이 유리하다. 선택할 수 있는 특약의 종류가 더욱 다양하고 보장 범위 및 가입한도, 보장대비 보험료, 납입면제 조건 등에서 더욱 유리하게 형성되기 때문이다. 생명보험사도 지속해서 상품을 개정하면서 경쟁력을 갖추어가고 있으며 특정 특약에 대해서는 생명보험사 상품이 더욱 유리한 경우도 있다.

- 실손의료비보험을 준비한다면?

실비보험은 약관상 생명보험사 손해보험사가 동일하다. 약관상 차이는 없지만 보험사에 따라 가입금액 차이가 있는데, 생명보험사의 입원의료비 한도는 5천만 원, 통원의료비 20만 원, 약제비 10만 원 한도로 형성되고 손해보험사는 입원의료비 5천만 원, 통원의료비 25만 원, 약제비 5만 원 한도로 보상한다. 경우에 따라서 다르지만, 활용성 측면에서는 손해보험사 실손의료비 보험이 유리하다고 할 수 있다.

좋은보험 사용설명서

보험회사별 실손의료비 비교

구분	손해보험사	생명보험사
입원	5,000만원	5,000만원
통원	25만원	20만원
약제비	5만원	10만원

– 연금보험을 준비한다면?

연금보험은 생명보험사 상품으로 가입하는 것이 유리하다. 적립된 금액이 운용되는 방식은 큰 차이가 없지만, 생명보험사 연금보험만이 추후 연금으로 전환 시 종신형으로 수령이 가능하기 때문이다. 사망할 때까지 기간에 상관없이 종신토록 연금을 계속 받을 수 있어 가장 많은 가입자가 선호하는 수령방식이므로 연금을 고려한다면 생명보험사 연금보험 상품으로 가입하는 것이 유리하다.

보장성 보험 vs 저축성 보험

보험은 내용에 따라 각종 위험에 대한 보장을 목적으로 하는 보장성 보험과 목돈마련 및 노후 대비를 위한 저축을 목적으로 하는 저축성 보험으로 분류된다. 따라서 보험에 가입할 때에는 그 목적을 스스로 확실하게 정하는 것이 중요하다.

– 보장과 저축 '두 마리 토끼'를 잡고 싶다면?

보장과 저축의 목적을 함께 가져가고 싶다면 하나의 상품이 아닌 두 개의 상품으로 나누어 가입하는 것이 효율적이다. 가입 목적과 납입기간, 보험료에 따라서 최적화된 상품이 따로 존재하기 때문이다. 보험의 종류를 모르고 하나의 상품으로 보장과 저축의 목적을 충족시키려고 하다 보면, 보장내용 또는 적립금액 모두 애매해지는 경우가 많아 주의가 필요하다.

보장성 보험의 종류

위험에 대한 보장을 다루는 보장성 보험에 대해서 알아보자.

– 실손의료비 보험

실손의료비 보험은 병원에서 진료 및 치료를 받고 지불한 치료비의 일부를 보험에 가입한 가입금액 한도 내에서 돌려받는 개념의 보험상품이다. 저렴한 보험료로 일상생활 속에서 발생하는 치료비의 대부분을 돌려받을 수 있기에 활용성이 좋고 보험가입 시 우선순위가 된다. 실손의료비 보험은 민영보험사에서 판매하고 있지만 국민 건강보험을 보조하는 정책성 보험으로서 국민의 복지를 위해 판매되고 있는 보험이기 때문에 가입자가 많은 혜택을 받을 수 있는 보장내용으로 구성되어있다.

실손의료비도 개인의 상황에 따라서 구분하여 가입이 가능하다. 실손의료비는 일반 실손의료비, 유병력자 실손의료비, 노후 실손의료비로 구분되는데 일반 실손의료비는 65세까지 가입이 가능하며, 노후 실손의료비는 75세까지 가입이 가능한 보험으로 자기부담금을 높이면서 보험료를 낮춘 상품이다. 그리고 과거 병력 등으로 인해 일반보험 가입이 어려운 사람을 대상으로 한 유병자 실손의료비 보험이 있다.

실손의료비 보험은 실생활 속에서 활용도가 높고 저렴한 보험료로 가입이 가능해 보험가입을 고려할 시에 가장 우선적으로 고려해야 한다. 실손의료비 보험은 민간 의료보험 중에서도 심사가 가장 까다로운 보험에 해당하므로 건강할 때에 미리 가입해두어야 하며, 일반보험으로 가입이 어려운 경우라도 유병자 실손의료비 보험으로 가입해두어 질병으로 큰 비용이 발생하게 될 경우를 준비해주는 것이 좋다.

- 사망보험

사망보험은 말 그대로 사망했을 때에 보험금을 받을 수 있는 보험이다. 사망보험은 사망 당사자가 받는 것이 아닌 남겨진 가족이 받는 것이기 때문에 남겨진 가족을 기준으로 가입금액 등을 고려해야 한다. 사망보험은 크게 종신보험과 정기보험으로 구분된다.

- 종신보험

종신보험은 말 그대로 종신토록, 죽을 때까지 사망을 보장하는 보험이다. 따라서 90세, 100세와 같이 보장기간이 정해져 있지 않으며 언젠가 반드시 받을 수 있는 보험이다. 일반적인 보험은 혹시 모르는 위험을 대비하는 개념이지만, 사망은 미래에 반드시 발생하는 사건이므로 종신보험은 상속의 수단으로 활용되기도 하며 적립금액을 바탕으로 연금으로 전환할 수 있는 기능을 포함하고 있다.

- CI 종신보험

CI 종신보험은 Critical Illness의 줄임말로서 중대한 질병을 보장하는 종신보험이다. 기본적으로 사망을 보장하는 종신보험이며 중대한 암, 뇌졸중, 심근경색 등을 진단받을 경우 사망보장 금액에서 일정 비율을 선지급 받는 형태의 보험이다. 선지급을 제외한 잔여 금액은 사망 시에 지급된다. 과거 사망보장과 함께 질병에 대한 보장도 함께 받을 수 있다는 이유로 활발하게 판매가 되었지만, '중대한'이라는 조건으로 인해 보험금 지급에 있어 분쟁이 종종 발생하는 보험이다.

- GI 종신보험

GI 종신보험은 General Illness의 줄임말로서 일반적인 질병을 보장하는 형태의 종신보험이다. 암, 뇌, 심장질환 등의 질병이 발생하는 경우 사망보장 금액에서 일정 비율을 선지급 받는 형태의 보험이다. CI 종신보험의 '중대한'이라는 까다로운 지급조건을 일반적 질병으로 완화시킴으로써 보장범위가 넓어진 장점이 있지만, 보장범위가 넓어진 만큼 보험료가 다소 높게 형성된다.

종신 / CI종신 / GI종신 비교

구분	종신보험	CI종신보험	GI종신보험
내용	종신 사망보장	종신 사망보장 and '중대한' 질환 (Critical Illness) 진단시 사망보험금 일부 선지급	종신 사망보장 and '일반' 질환 (General Illness) 진단시 사망보험금 일부 선지급

- 정기보험

정기보험은 사망에 대한 위험을 정해진 보장기간 동안 보장하는 보험이다. 70세, 80세만기와 같이 사망보험이 필요한 기간을 설정할 수 있어 종신보험과 비교할 때 높은 사망보험 금액을 저렴한 보험료로 가입할 수 있다. 만기가 정해져 있는 만큼 보장기간 내에 사망하는 경우에만 보장받을 수 있고 만기가 도래하면 보장받을 수 없으며, 만기 시 해지환급금이 없는 소멸형 상품이 대부분이므로 해지환급금을 통한 생활비 활용, 연금 전환 등의 목적이 있는 경우에는 종신보험이 더욱 효율적일 수 있다.

- 건강보험(종합보험)

건강보험은 종합보험 암보험 등으로 통용되는 보험으로 일반적으로 우리가 생각하는 암, 뇌, 심장질환, 수술비, 골절과 같은 질병 및 상해를 보장받을 수 있는 보험이다. 가입자는 건강보험에서 구성이 가능한 세부적인 특약에 대한 조정을 통해 본인에게 필요한 보장내용을 구성하고 보험금액을 설정할 수 있다.

- 어린이보험(태아보험)

어린이보험은 보험 나이 30세 이하를 대상으로 가입이 가능한 건강보험이다. 보험 나이 30세까지만 가입이 가능한 만큼 일반적인 건강보험에 비해 특약의 가입한도가 높고 면책기간 및 감액기간이 없거나 짧다. 또한 납입면제 조건 등의 조건이 더욱 넓고 보험료 또한 저렴하게 형성되어 유리한 조건으로 가입이 가능하다.

태아보험은 산모의 배 속에 있는 태아를 보장하기 위해 가입하는 보험으로 임신 23주 이전에 가입이 가능한 상품이다. 기본적으로 어린이보험에 신생아 특약 및 산모 특약이 추가되어있는 형태이며, 태아보험을 통해 선천적인 질환에 대한 진단비 및 수술비, 조산 및 출생 중의 사고로 인한 위험에 대한 준비가 가능하다.

- 유병자보험(간편보험)

유병자보험은 간편 보험과 같은 의미로서 기존 병력이나 치료력으로 인해 일반보험으로 가입이 어려운 사람을 대상으로 보험 가입이 가능하도록 고지의무 및 심사 여건이 완화되어있는 상품이다. 고지의무 및 심사가 완화된 만큼 보험료는 일반보험에 비해서 높게 형성되지만, 병력이 없는 사람에 비해 보험사고 발생 가능성이 높은 병력자도 보험에 가입할 수 있다는 장점이 있다. 병력이 있다면 질병에 대한 준비가 더욱 필요해지는 상황이므로 유병자보험을 통해 준비하는 것이 좋다.

– 자동차보험

자동차보험은 자동차를 운전하는 경우 자동차를 기준으로 가입하는 보험으로써 타인에 대한 배상과 자신에 대한 손해와 같이 자동차 사고 시 발생하는 민사적인 비용을 보장하는 보험이다. 주요 보장내용으로는 대인보상, 대물보상, 자기신체사고, 자동차 상해, 무보험차 차량손해, 자기차량손해 등이 있으며 자동차를 기준으로 가입하므로 자동차 변경 시에는 변경된 자동차를 기준으로 보험계약 내용을 변경하거나 새로 가입해야 한다.

– 운전자보험

운전자보험은 운전자 본인을 기준으로 가입하는 보험으로 자동차 사고 시 발생하는 형사적, 행정적인 비용을 보장하는 보험이다. 주요 보장내용으로는 교통사고 처리지원금, 변호사 선임비용, 벌금, 면허 취소위로금, 면허 정지위로금 등이 있으며 추가로 자동차부상위로금과 같은 상해와 관련된 특약 구성도 가능하다. 운전자보험은 운전자를 기준으로 가입하는 상품이므로 자동차 변경에 따라 변경할 필요는 없다.

자동차보험 / 운전자보험 비교

구분	자동차보험	운전자보험
보장항목	자동차 사고시 민사적 책임 보상	자동차 사고시 형사적 / 행정적인 책임 보상
핵심담보	대인 / 대물 / 자기신체사고 무보험차 손해 / 자기차량 손해 등	교통사고처리지원금 변호사선임비용 / 벌금 등

– 치아보험

치아치료를 보장받을 수 있는 보험이다. 주요 보장내용은 치주 치료 및 충전 치료, 크라운 치료 및 임플란트 치료 등으로 구성된다. 치아와 관련된 질환은 진행 순서가 있으므로 가입하는 시기를 잘 판단해야 하며, 치아보험은 특별한 치료 없이 장기간 유지하게 될 경우에 납입한 보험료가 보장받는 금액보다 더 높을 수 있다는 점을 고려하여 보험가입을 고려해야 한다.

– 간병보험

간병보험은 노후를 대비하는 대표적인 보험상품으로 간병으로 인해 발생하는 비용을 대비하기 위한 보험이다. 간병보험의 주요 보장내용은 국민건강보험공단에서 진단받을 수 있는 장기요양등급에 대한 진단비 보장과 병원 입원 시 간병인을 지원받을 수 있는 간병인 보장으로 구분된다. 1인 가정과 맞벌이 가정이 증가하면서 간병보험에 대한 인식과 필요성이 높아지고 있다.

– 치매보험

치매보험은 치매진단 시 발생하는 비용을 대비하기 위한 보험으로 치매 수준을 CDR 척도에 따라 구분하여 진단비 및 생활비를 보장받을 수 있는 보험이다. 이전에는 영상의학적 검사를 통해 뇌 이상소견이 확인되어야 보험금을 받을 수 있어 지급과정에 분쟁이 있었지만, 현재는 영상의학적 검사에서 이상소견이 없더라도 전문의의 치매 진단이 있으면 보장받을 수 있도록 지급조건이 완화되었다.

– 주택화재보험

주택화재보험은 주택의 화재로 인해 발생하는 비용을 보장받을 수 있는 보험이다. 주요 보장내용은 화재로 인한 건물 및 물건에 대한 손해와 타인에게 손해를 입히게 되어 발생하는 배상책임에 대한 비용이며 특약을 통해 급배수 누출로 인한 손해 등을 보장받을 수 있다.

저축성 보험의 종류

저축성 보험은 복리로 운용되며, 일정 기간 이상 유지 시 비과세 혜택 또는 세액공제 혜택을 부여하고 있다. 목돈마련, 노후 대비 등 저축을 목적으로 하는 저축성 보험에 대해서 알아보자.

– 연금보험

연금보험이란 추후 연금을 수령하기 위한 목적으로 보험료를 납입하는 상품이다. 일반적으로 45세 이후부터 연금으로 수령이 가능하며 10년 이상 유지하는 경우 이자소득에 대해 비과세 혜택을 받을 수 있고 연금소득세 또한 면제된다. 장기 저축을 통해 복리의 효과와 비과세 혜택을 최대한으로 활용할 수 있는 상품이다.

– 연금저축

연금저축은 추후 연금을 수령하기 위해 가입하는 보험이라는 점은 연금보험과 동일하지만, 비과세 혜택 대신 연 400만 원 한도로 세액공제 혜택을 부여하는 상품이다. 가입자 소득에 따라 13.2~16.5%, 연 최대 66만 원의 세액공제를 받을 수 있으며 55세 이후부터 연금으로 수령이 가능하고 연금 수령 시에는 3.3%~5.5%의 세금이 발생한다. 세금을 내는 시기를 뒤로 미루는 과세이연의 효과를 가지는 상품이다.

연금보험 / 연금저축 비교

구분	연금보험	연금저축
공통점	공시이율 또는 최저보증이율에 따라 복리로 운용	
세금혜택	10년 이상 유지시 비과세 혜택	연간 400만원 한도 세액공제

– 교육보험

교육보험은 적립된 금액이 운용되는 방식은 일반적인 저축성 보험과 동일하나 피보험자인 자녀의 나이에 맞춰 중간 보험금을 지급하는 특징을 가진 보험이다. 과거에는 대중적인 보험 중 하나였지만, 보험상품이 발전하여 보험의 중도 인출 및 추가 납입 기능으로 필요한 때에 자금을 인출하는 것이 가능해지면서 그 효용성이 감소해 지금은 몇몇 보험사를 제외하고는 사라지는 추세에 있다.

변액보험이란?

변액보험이란 보험금액이 자산운용의 성과에 따라서 변동하는 보험을 의미한다. 적립된 보험료는 자산운용사에 의해 주식 및 채권 등의 펀드로 운용되어 그 결과에 영향을 받으며 수익률이 플러스인 경우에는 큰 수익을 볼 수 있지만 반대로 수익률이 마이너스인 경우에는 큰 손해를 볼 수 있는 보험이다. 따라서 경제상황에 따라 지속적으로 펀드 종목을 관리해주는 노력이 필요하다.

변액보험 = 보험 + 펀드

변액보험은 변액 종신보험 및 변액 저축보험으로 구분된다. 변액 종신보험은 사망을 보장하는 보장성 보험이며 해지환급금을 위해 적립된 금액이 펀드로 운용되는 상품으로 사망보장을 받을 수 있지만, 납입 보험료에 사망보장을 위한 보험료가 포함되어있어 같은 운용 수익을 얻었을 때에 변액 저축보험에 비해 적립금액이 낮은 특징이 있다. 변액 저축보험은 주식 및 채권과 같은 유가증권에 대한 투자를 목적으로 가입하는 저축성 보험으로 10년 이상 유지 시 비과세 혜택을 받을 수 있는 펀드인 보험상품이다.

보험에서 보장하는 보장내용을 이해하고
나에게 맞는 보장내용을 구성하자.

chapter
4

보장특약
개념정리

GOOD INSURANCE
USER GUIDE

보장특약
개념정리

실손의료비 보험

실손의료비의 특약은 입원 의료비와 외래 의료비, 약제 의료비로 나누어진다.

1) 입원 의료비

병원에 입원하여 치료를 받은 경우 건강 의료보험이 적용되는 급여항목과 적용되지 않는 비급여항목에 따라 구분하여 급여항목의 경우 10%, 비급여항목의 경우 20% 금액을 공제하고 5천만 원 한도 내에서 돌려받을 수 있다.

chapter 4 보장특약 개념정리

2) 외래 의료비

통원 치료 시 급여항목의 10%, 비급여항목의 20% 합산금액과 의료기관에 따른 공제금액 1만 원(의원), 1.5만 원(병원), 2만 원(상급종합병원, 종합전문요양기관) 중 큰 금액을 공제하고 가입금액 한도 내에서 보상한다.

3) 약제 의료비

병원에서 약 처방을 받은 경우 급여항목의 10%, 비급여항목의 20% 합산금액과 8천 원 중 큰 금액을 공제하고 가입금액 한도 내에서 보상하는 특약이다.

실비에서는 실비보험의 손해율을 높이는 주요 치료항목을 별도 특약으로 구분하여 운용하고 있다. 비급여도수치료, 체외충격파치료, 증식치료, 비급여주사, 자기공명영상진단(MRI/MRA)을 받은 경우에는 치료비의 30%와 2만 원 중 큰 금액을 공제하고 가입한도 내에서 지급한다.

실비보험은 국민건강보험을 보조하는 정책성 보험으로 보험 혜택을 받는 가입자와 이를 운용하는 보험사 모두의 여건을 고려해야 정상적으로 운용될 수 있어 꾸준한 개정을 통해서 보장내용이 계속해서 변동되고 있는 보험이다. 따라서 현재 자신이 가입한 시기의 실손의료비 보험을 제대로 알고 보장내용이 어떻게 되는지 알아두는 것이 필요하다.

실손의료비보험 세대별 비교

구분	1세대	2세대	3세대
시기	~ 09. 9월	09. 11월 ~ 17. 3월	17. 4월 ~
보장비율	100%	90% (~ 15. 8.) 급여 90% 비급여 80% (~17. 3.)	급여 90% 비급여 80% 비급여 특약 70%
갱신주기	5년	3년. 1년	1년
보험료	1세대 실손의료비 〉 2세대 실손의료비 〉 3세대 실손의료비		

※ 중복 보상은 받을 수 없다!

실손의료비는 병원에서 치료비로 얼마를 지불했느냐에 따라서 돌려받을 수 있는 금액에 차이가 발생한다. 정해진 금액을 받는 보험이 아닌 실제 손해에 비례해서 보장받는 비례보상 개념의 보험이기 때문이다. 따라서 여러 보험사에 가입이 되어있더라도 중복해서 받을 수 없고 손해액을 바탕으로 보장금액을 중복으로 가입한 보험사에서 나누어서 수령하므로 중복으로 보장받을 수 없는 사실을 알아두어야 불필요하게 중복된 보험에 가입하여 보험료를 낭비하는 상황을 예방할 수 있다.

실손의료비는 중복해서 보장받을 수 없지만 그렇다고 해서 중복보장이 의미가 없는 것은 아니다. 중복보장은 되지 않지만 가입금액의 한도가 그만큼 높아지기 때문이다. 또한 개인이 부담해야 하는 공제금액이 사라지는 효과도 발생한다. 예를 들어 입원의료비가 각각 5천만 원, 5천만 원인 2개의 실비에 중복으로 가입이 되어있다고 할 때, 4천만 원의 치료비가 발생했을 경우 각 보험사에서 지급받는 보험금은 2천만 원, 2천만 원으로 4천만 원을 보장을 수 있지만 8천만 원의 치료비가 발생한 경우에는 각 보험사에서 4천만 원, 4천만 원으로 8천만 원을 보장받을 수 있다. 하나의 실손의료비 보험만 가입이 되어있는 경우라면 5천만 원만 보장받을 수 있지만, 두 개의 실손의료비 보험가입으로 합산 보장한도가 1억 원이 되었기 때문에 8천만 원을 보상받을 수 있게 된 것이다. 실제로 과거의 실비와 요즘의 실비, 단체보험의 실비특약으로 실손의료비 보장이 중복되는 경우가 종종 발생하는데 실손의료비가 중복된다고 해서 무조건 나쁘다기보다는 개인의 기존 가입한도와 보험료 등을 고려하여 중복으로 가져갈지, 해지할지 여부를 결정하는 것이 바람직하다.

실손의료비 중복 가입이 되어있다면?

 보장한도 증가

 중복보장 불가

– 공제금액이 무엇인가요?

공제금액은 자기부담금을 의미한다. 치료비에 비례해서 대부분을 환급해주는 실손의료비 보험의 특성상 가입자의 무분별한 남용과 보험사의 손해율이 증가로 보험료가 인상되는 것을 방지하기 위한 목적이 크다. 실손의료비 보험은 정기적인 개정을 통해 보험료 인상 문제를 개선하기 위해 자기부담금을 증가시키고 손해율에 영향을 미치는 보장항목들을 수정하면서 보험료를 적정한 수준으로 낮추는 추세에 있다.

– 의료 실비 자기부담금 제도

실손의료비 보험의 입원 의료비 특약에서는 연간 공제하는 자기부담금이 200만 원을 초과하는 경우 그 초과 금액에 대해서는 공제하지 않고 한도 내에서 보상하도록 하고 있다. 이는 국민의 의료비 부담을 줄여주기 위한 취지의 약관상 조항이다.

– 실손의료비 전환제도

실손의료비 특약은 과거 건강보험에 특약으로 추가되어 판매되는 것이 일반적이었다. 같은 실손의료비 보험에 가입했지만, 다른 기타 특약들로 인해 보험료의 차이가 발생하고 가입 시기별로 보장내용 및 보험료에도 차이가 발생하게 되자 이러한 혼란을 줄이기 위해 실손의료비 보험을 하나의 상품으로 구분하여 단독으로만 가입이 가능하도록 변경되었다. 이와 함께 과거 실비특약 가입자들이 가장 최근의 실비보험으로 전환할 수 있도록 하는 실손의료비 전환제도를 시행함으로써 과거 실비의 보험료 갱신과 기타 특약들로 인해 보험료 부담이 있는 가입자에게 실손의료비 전환제도를 이용하여 저렴한 최근 실비로 보험을 유지할 수 있는 선택권을 부여하였다.

사망보험

사망보험 특약은 사망을 할 경우 보상받을 수 있는 내가 아닌 남겨진 가족이 받을 수 있는 보험이다. 따라서 사망보장은 나를 아닌 남겨진 가족을 기준으로 보장기간 및 보험금액을 설정해야 한다.

사망보장은 생명보험사에서 취급하는 일반사망과 재해사망, 손해보험사에서 취급하는 상해사망과 질병사망 특약으로 구분된다.

1) 일반사망

원인을 따지지 않고 사망에 이른 경우 보장받을 수 있는 가장 넓은 범위를 가진 사망 특약이다. 2년 이내 자살을 제외한 모든 경우에 대해서 보험금을 지급하며, 보장범위가 포괄적이므로 사망보장을 대비할 때 우선적으로 고려하는 것이 좋다.

2) 재해사망

우발적인 외부의 사고를 원인으로 하는 '재해'로 사망하는 경우 보장하는 특약이다.

3) 상해사망

급격하고 우연한, 외래의 사고로 인한 '상해'로 인한 사망을 보장하는 특약이다.

여기서 '재해'란 생명보험사 재해분류표상의 명시된 우발적인 외부의 사고를 대상으로 하며 손해보험사의 '상해'를 포함하는 좀 더 포괄적인 범위의 보장개념이다.

4) 질병사망

사망의 원인이 몸 내부에서 발생한 경우에 보험금을 지급하는 사망 특약이다. 질병 또는 상해와 같은 특정 사망을 대비하기 위해서는 손해보험사 특약을 통해 준비해도 무방하지만, 재해와 질병에 대한 사망을 종합적으로 대비한다면 생명보험사의 일반사망 특약으로 준비하는 것이 효율적이다.

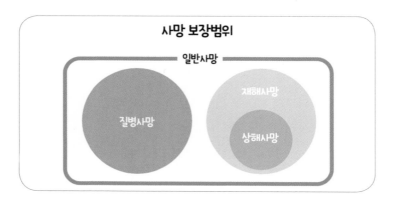

건강보험(종합보험)

건강보험 상품에서는 다양한 특약을 조합하여 보장내용을 구성하는 것이 가능하다. 구성할 수 있는 대표적인 특약으로는 후유장해 및 진단비, 수술비 등의 보장이 있으며 종합보험에는 세부적인 특약이 워낙 다양하기 때문에 특약을 어떻게 구성하느냐가 '좋은보험'의 핵심적인 역할을 담당한다. 종합보험에서 구성할 수 있는 대표적인 특약에 대해 알아보고 효율적인 보장내용으로 구성하자.

− 후유장해 진단비

후유장해란 질병 또는 상해로 인해 치료가 이루어진 후에 더 이상 상태가 호전되지 않고 신체에 남은 영구적인 정신 및 육체의 훼손 상태를 의미한다. 후유장해 보장은 보험에서 보장하는 신체에 관한 특약 중 범위가 가장 넓은 특약 중에 하나이며 장해 부위와 정도에 따라 중복보장 및 반복 보장이 가능해 보험사에서 손해율이 높은 특약이다. 이는 곧 가입자에게 유리하다는 뜻으로 그 중요성에 대한 인식이 점차 확산되고 있으며 생각보다 우리 주변에서 자주 볼 수 있는 인공관절 수술, 디스크, 치매, 치아결손 등도 후유장해에서 보장받을 수 있다.

1) 상해후유장해

상해로 인한 후유장해 발생 시 발생한 장해율을 가입금액에 곱한 보험금을 지급한다.

2) 질병후유장해

질병으로 인한 후유장해 발생 시 발생한 장해율을 가입금액에 곱한 보험금을 지급한다.

상해 및 질병후유장해는 보험약관의 장해분류표에 따라 '%'로 수치화되며 그 비율을 가입금액에 곱한 금액을 보험금으로 지급한다. 따라서 후유장해 특약 가입 시에는 몇 % 이상부터 보장받을 수 있는 보장인지를 확인하는 것이 중요하다. 후유장해 특약은 3% 이상, 20% 이상, 50% 이상, 80% 이상부터 보장받을 수 있는 특약으로 구분되며 당연히 3% 이상부터 보장받을 수 있는 특약이 보장 폭이 넓고 보험사고 발생 시 받을 가능성이 높다. 따라서 후유장해 특약을 포함한다면 3% 이상 후유장해 특약으로 구성해주어야 한다.

질병후유장해 / 상해후유장해

가입금액에 장해율을 곱한 금액을 지급
추가 진단에 따른 반복 보장 가능

암은 몸속의 악성세포가 증식하여 종양을 이루는 병이다. 암은 과거부터 현재까지 진단받게 되면 치료 가능성이 불투명하고 높은 치료비용을 발생시키는 대표적인 질환이다. 요즘은 의료기술의 발전으로 인해 암을 진단받더라도 건강검진을 통해 조기에 발견한 경우나 새로운 치료 방법 등을 통해서 완치율이 계속해서 높아지고 있지만, 암은 여전히 질병사망 원인 1위를 차지하며 발생 확률이 높고 치료비용이 많이 드는 만큼 우리의 삶을 위협하는 치명적인 질병으로 인식되고 있다.

2016년도 국가암정보센터에서 발표한 자료에 따르면 남자는 5명 중 2명, 여자는 3명 중 1명에게 암이 발생한다고 한다. 평균수명이 증가함에 따라 질병에 걸리게 될 위험성은 더욱 증가하고 암 발생자 수 또한 꾸준히 증가하고 있다. 이러한 상황 속에서 암이라는 질병을 대비하기 위한 보험의 필요성은 지속해서 대두되었으며 한 사람의 생명 및 생활과 직결되고 많은 비용이 발생하는 질환인 만큼 보험을 통해 충분하게 준비하는 것이 필요하다.

기대수명 생존시 암 발생 확률

남자 39.6%
5명 중 2명

여자 33.5%
3명 중 1명

출처 : 국가암정보센터

　보험사에서 보장하는 암 진단비 특약의 종류로는 일반암, 고액암, 소액암, 유사암이 있다. 과거에는 모든 암의 치료가 어렵고 치료비가 많이 드는 질환이었기 때문에 별도로 암을 구분하지 않았지만, 점차 의료기술이 발전하면서 상대적으로 발견이 잘 되는 암, 완치율이 높은 암, 치료비가 적게 소요되는 암 등으로 구분되었고 이에 따라서 보험사에서도 암의 종류를 나누고 이에 따라서 보험금을 지급하고 있다.

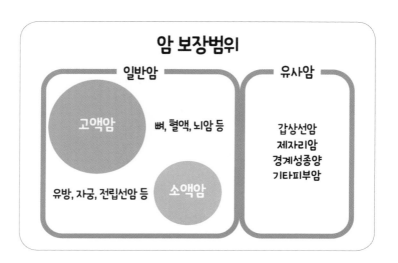

암 보장범위

일반암

고액암

뼈, 혈액, 뇌암 등

유방, 자궁, 전립선암 등   소액암

유사암

갑상선암
제자리암
경계성종양
기타피부암

1) 일반암

유사암을 제외한 암으로 가장 넓은 범위의 보장개념이며, 고액
암과 소액암을 모두 포함한다

2) 고액암

보험사에 따라 뇌, 뼈, 혈액, 식도, 췌장암 등의 암을 정하고 있
으며, 조직 절제 등의 직접적인 치료가 어렵고 방사선, 약물치료
등으로 장기간의 치료 기간과 많은 치료비용이 발생하는 암을 분
류한 개념이다.

3) 소액암

전립선암, 자궁암, 유방암, 방광암과 같은 생식기암이다. 일반 암에 비해 전이가 적고 치료가 빨라 치료비용이 적게 드는 암을 의미한다.

4) 유사암

갑상선암, 기타피부암, 경계성종양, 제자리암으로 발병률과 완 치율이 높고 치료비가 적게 드는 암을 별도로 구분한 개념이다. 보험사에 따라 대장점막내암이 포함되는 경우도 있으며 암보험 에 가입할 때에는 암 구분에 따른 보장범위 차이를 명확하게 이 해하고 나에게 필요한 보장내용으로 구성하는 것이 중요하다.

고액암과 소액암의 범위는 일반암의 보장범위에 포함되는 개 념이므로 일반암과 유사암 진단비를 우선적으로 구성해야 암에 대해 빈틈없이 보장받을 수 있다. 그리고 고액암과 소액암은 일 반암 보장을 보완해주는 개념으로 추가하는 것이 좋다. 예를 들 어 췌장암에 대해 가족력이 있는 남성이라면 일반암을 우선적으 로 구성하고 췌장암을 추가로 보장받을 수 있는 고액암을 추가하 는 식으로 구성하는 것이 효율적인 보장구성 방법이다.

2016년도 국가암정보센터에서 발표한 자료에 따르면 남자의 경우 위, 폐, 대장, 전립선, 간 순으로 암 발생률이 높으며, 여성의 경우 유방, 갑상선, 대장, 위, 폐 순서로 암 발생률이 높게 나타난다고 한다. 통계에 따라서 암 보험을 구성할 때 남자는 일반암에 중점을 두고 여성의 경우에는 일반암과 유사암, 소액암으로 구성해주는 것이 좋다.

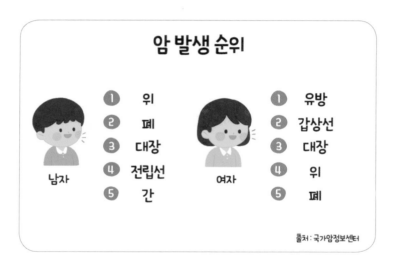

- 혈관질환 진단비

혈관질환은 혈관의 문제로 인해 발생하는 질환이다. 혈관질환은 혈관 내 지방, 혈압, 혈당을 원인으로 혈관이 두꺼워지고 혈액이 순환하는 혈관이 좁아져 신체 내부에 혈액을 통해 산소와 영양소를 제대로 공급받지 못하거나 혈전 등으로 인해 혈관이 막히게 되면서 발생한다. 혈관질환 중에서도 뇌와 심장은 산소공급이 제대로 이루어지지 않거나 막히게 되면 생명에 치명적인 결과를 초래하는 부위에 해당한다. 뇌졸중, 뇌출혈 등의 뇌혈관질환, 협심증, 심근경색 등의 심장질환은 암질환 다음으로 높은 순위의 질병사망 원인에 해당하고 막대한 치료비용이 발생하며 여러 합병증을 동반하는 경우가 많아 암 진단비와 함께 꼭 준비해야 하는 3대 진단비로 불리게 되었다.

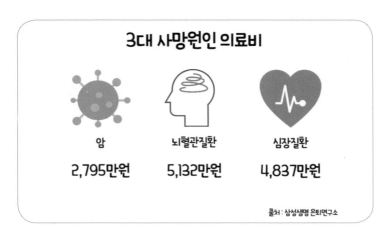

3대 사망원인 의료비

암	뇌혈관질환	심장질환
2,795만원	5,132만원	4,837만원

출처 : 삼성생명 은퇴연구소

평균수명이 증가하고 혈관이 노화함에 따라 환자 수 또한 꾸준히 증가하고 있으며 뇌혈관, 심장질환은 혈관질환이기에 고지혈

증이나 고혈압, 당뇨와 같이 혈관에 영향을 미치는 질환이 있거나 가족력이 있다면 필수적으로 챙겨야 하는 보장항목이다. 보장내용을 구성할 때 뇌혈관, 심장질환은 특약에 따라 그 보장범위가 달라지기에 보장범위를 잘 확인하고 가입하는 것이 중요하다.

– 뇌혈관질환 진단비

보험에서 보장하는 뇌혈관질환 특약은 뇌혈관질환, 뇌졸중, 뇌출혈로 구분된다.

1) 뇌혈관질환

뇌혈관이 막히거나 터져서 나타나는 질환이다.

2) 뇌졸중

뇌를 통하는 혈관이 막히거나 터져 뇌 손상이 발생하여 신체장해가 동반되는 질환이다. 뇌경색은 뇌졸중 안에 포함된다.

3) 뇌출혈

뇌를 통하는 혈관이 터져 출혈이 생김으로서 발생하는 질환이다.

뇌졸중 특약은 그 내용상 뇌출혈을 포함하는 보장개념이며 뇌혈관질환은 뇌졸중을 포함하는 가장 넓은 범위의 보장개념이다. 따라서 뇌혈관질환 진단비를 구성할 때는 가장 넓은 보장범위인 뇌혈관질환 진단비를 먼저 구성하고 뇌졸중 진단비, 뇌출혈 진단비 순서로 보완해주어야 한다. 과거에는 가장 심각한 단계인 뇌출혈 단계에서 발견되는 비중이 높았지만, 정기 건강검진이 활성화되고 의료기술이 발전함에 따라 뇌혈관질환 및 뇌졸중 단계에서 발견되는 비중이 높아지고 있어 넓은 범위로 가입하는 것의 필요성이 더욱 강조되고 있다.

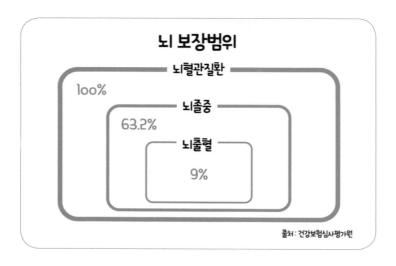

- 심장질환 진단비

보험에서 보장하는 심장질환 특약은 허혈성 심장질환과 급성심근경색으로 구분된다.

1) 허혈성 심장질환

심장을 지나는 혈관의 혈류장애로 인해 심장에 혈액 공급이 제대로 되지 않는 질환이다.

2) 급성심근경색

심장을 지나는 혈관이 막히게 되어 산소와 영양소를 공급해주지 못해 심장 조직에 손상이 발생하는 질환이다.

뇌혈관질환과 마찬가지로 허혈성 심장질환은 급성심근경색을 포함하는 가장 넓은 범위의 보장개념이며, 심장질환 중 가장 높은 비중을 차지하는 협심증 또한 허혈성 심장질환에서 보장한다. 따라서 심장질환 진단비를 구성할 때에는 허혈성 심장질환을 우선적으로 구성하고 급성심근경색 특약을 통해 보완해주는 것이 좋다.

뇌혈관질환과 심장질환을 준비하는 보험에 있어 과거에 가입한 상품들은 가장 좁은 범위인 뇌출혈과 급성심근경색으로만 구성되어있는 경우가 많다. 뇌출혈과 급성심근경색의 경우 전체 질환 중 10% 내외의 비중을 차지하고 있어 실제 장기간 보험료를 납입하더라도 뇌혈관질환, 심장질환 발생 시 보장받지 못할 가능성이 높다. 따라서 과거에 가입한 보험을 점검하고 뇌혈관질환 특약, 허혈성 심장질환 특약으로 구성되어있지 않다면 확실한 대비를 위해 보완해주는 것이 필요하다.

심장 보장범위

허혈성 심장질환

100%

급성심근경색

9.5%

출처 : 건강보험심사평가원

- 수술비

신체에 발생할 수 있는 질병과 상해는 매우 다양하다. 보험을 통해 모든 질병과 상해를 보장받는 것은 불가능하지만, 상대적으로 악화될 가능성이 있거나 심각한 질병을 효율적으로 대비할 수 있는 방법은 존재한다. 바로 수술비 특약이다. 수술비는 특정 상해 또는 질병으로 인해 수술할 경우에 받을 수 있는 보장이다. 수술을 한다는 것은 어느 정도의 심각한 위험이 존재하고 치료목적으로 이루어지기에 상대적으로 위험한 상해와 질병을 포괄적으로 대비할 수 있는 주요한 보장특약이다. 또한 수술비는 1회 지급으로 사라지는 진단비와 다르게 반복 지급이 가능한 특약으로 특정 질환에 대한 반복 치료 및 재발 시 보장을 받을 수 있다는 장점이 있다. 예를 들어 암을 진단받을 경우 암 진단비는 한번 받으면 자동으로 사라지지만 암 치료를 위해 여러 번 수술을 하거나 새로운 암으로 수술하게 될 경우 수술비 특약은 반복해서 보험금 수령이 가능하다.

수술비는 크게 질병/상해수술비, 질병/상해 종수술비, N대 수술비, 특정 수술비로 분류된다.

1) 질병/상해수술비
질병 및 상해로 수술하게 될 경우 일정한 금액을 지급하는 특약이다. 종수술비와 함께 가장 넓은 보장범위를 형성하며 상호보완적인 관계를 이루고 있다.

2) 질병/상해 종수술비
수술의 경중에 따라 1종에서 5종으로 나누어 신체 부위별로 수술내용에 따른 보험금액을 차등 지급하는 특약이다. 경중의 수술에 대해서는 적은 보험금을 받지만, 중증일 경우에는 많은 보험금을 받을 수 있어 효율적이며, 보험사마다 조금씩 차이가 있지만 일반적인 종수술비의 경우 질병/상해수술비에서 보장하지 않는 제왕절개, 요실금, 치질수술 등을 보장받을 수 있어 보장범위가 넓게 형성된다.

3) N대 수술비

각 보험사에서 상대적으로 발병 빈도가 높은 수술들을 정해놓고 이에 해당할 경우 수술비를 지급하는 특약이다. 123대, 106대, 101대, 64대 수술비 등 정해진 질환으로 인해 수술을 받는 경우 보장받을 수 있으며 N대 수술비를 통해 질병/상해수술비, 종수술비를 효율적으로 보완하는 것이 가능하다.

4) 특정 수술비

특정 질환을 보장하는 특약으로 해당 수술만 보장하지만 개인에게 필요한 경우 추가적으로 구성한다면 해당 보험사고 발생 시 저렴한 보험료로 보험금을 수령할 수 있다.

수술비 보장을 구성할 때에는 가장 범위가 넓은 질병/상해 수술비와 종수술비를 우선적으로 구성하고, 이를 N대 수술비와 특정 수술비로 보완하는 것이 효율적이다.

수술비 종류

구분	질병/상해 종수술비	질병/상해수술비	N대 질병수술비
내용	수술 경중에 따라 1~5종 구분 보험금 차등지급	질병 / 상해로 수술시 보험금 지급	N대 질병으로 수술시 보험금 지급
보장범위	종수술비 〉= 질병/상해수술비 〉 N대 수술비		

　수술비가 효율적인 이유는 보장범위가 넓다는 점, 반복 및 중복지급이 된다는 측면과 최신 수술기법이면서 신의료기술로 인정을 받는 경우에는 외과적인 수술이 아니더라도 수술비 보험에서 보장받을 수 있어 의료기술의 발전에도 대응될 수 있는 특약이라는 점이다. 따라서 수술비 특약은 기존에 없던 새로운 질병이나 새로운 치료방식을 효율적으로 대비할 수 있는 대안으로써 그 중요성이 점차 부각되고 있다. 일반적인 진단비 특약은 보험사마다 약관상의 차이가 거의 없는 편이지만 수술비 특약은 보험사마다 보장항목, 보장금액, 보장하지 않는 조건이 조금씩 차이가 있는 편이므로 수술비 보험에 가입할 때에는 보험사마다 다른 조건 차이를 고려하여 가입을 결정하는 것이 더욱 효율적이다.

입원 일당은 질병 또는 상해로 입원하는 경우 입원 일수에 따라 보장받을 수 있는 특약이다. 일반적으로 최대 180일까지 보장하며 보험상품 및 특약에 따라 세부적으로 1일부터, 4일부터 보장하는 입원 일당, 최대 10일, 30일, 180일까지 보장하는 입원 일당, 중환자실, 상급종합병원 입원 일당 등으로 구분된다.

1) 입원 일당

질병 또는 상해로 입원 시 하루당 받을 수 있는 금액이다.

2) 중환자실 입원 일당

질병 또는 상해로 중환자실 입원 시 하루당 받을 수 있는 금액이다.

3) 상급종합병원 입원 일당

종합병원과 상급종합병원 입원 시 하루당 받을 수 있는 금액이다.

입원 일당은 과거에는 보장자산으로 구성하는 경우가 많았고 지금도 개인에 따라 효율적인 보장의 역할을 하고 있지만, 국민건강보험의 확대로 2인실까지 의료보험이 적용된다는 점과 실비에서 5천만 원 한도로 보장받을 수 있다는 점, 의료기술 발전으로 장기 투병을 제외한 환자들의 입원 기간 또한 감소하고 있다는 점으로 인해 이전에 비해 의존도가 낮아지게 되었다.

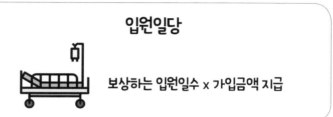

입원일당

보상하는 입원일수 x 가입금액 지급

– 일상생활배상책임

일상생활배상책임 특약은 일상생활 속에서 발생한 우연한 사고로 다른 사람의 신체 또는 재물에 손해를 입히게 되어 법률상 배상책임이 발생하였을 때 실제 손해액에 따라 자기부담금을 공제하고 가입금액 한도 내에서 보장한다. 세부적으로 가족 일상생활배상책임 특약과 자녀 일상생활배상책임 특약으로 구분된다. 일상생활배상책임도 실비와 마찬가지로 실제 손해에 비례해서 보상이 이루어지는 비례보상이기 때문에, 중복 보상이 불가하며 중복 가입이 되어있는 경우에는 한도가 높아지고 공제금액이 사라지는 효과가 있다.

1) 가족 일상생활배상책임

생계를 같이하는 가족이라면 가족 중 한 명만 가입이 되어있어도 가족이 보상받을 수 있다.

2) 자녀 일상생활배상책임

보상받을 수 있는 대상은 피보험자 본인의 자녀로 한정된다.

일상생활배상책임 종류

구분	피보험자 범위
가족일상생활 배상책임	1. 피보험자 2. 가족관계 등록상/주민등록상 기재된 배우자 3. 피보험자 본인 또는 배우자와 생계를 같이하는 4. 주민등록상 동거친족 / 별거 자녀
자녀일상생활 배상책임	1. 피보험자 2. 가족관계 등록상/주민등록상 기재된 배우자 3. 피보험자 본인의 만 30세 이하 미혼 자녀

자동차보험

자동차보험은 자동차를 운전한다면 필수로 가입되어야 하는 의무보험이다. 자동차보험은 자동차 사고 시 발생하는 민사적인 배상책임 비용과 본인의 손해를 보장한다. 주요 보장으로는 대인배상 I, 대인배상 II, 대물배상, 자기신체사고, 자동차 상해, 자기차량손해, 무보험차 차량손해가 있으며, 세부적으로 다른 자동차 운전, 대리운전 위험 담보, 마일리지 할인 등의 추가적인 특약으로 구성된다. 여기서 대인 I, 대물 보장은 자동차 사고로 인한 피해자의 손해를 보장하기 위하여 의무적인 가입을 강제하고 있다.

자동차보험은 가입 시 가입금액을 최대한도로 가입하는 것이 좋다. 경미한 사고라면 다행이지만, 큰 사고가 발생할 경우에는 사고 인원, 차종, 상대방의 수입 등에 따라 수억 원 이상의 손해가 발생하는 경우가 빈번하기 때문이다.

1) 대인배상 I

자동차 사고로 인해 사람에게 입힌 손해에 대하여 사망 및 후유장해를 1.5억 원 한도, 부상에 대해 3천만 원 한도로 보상한다.

2) 대인배상 II

대인배상 I을 초과하는 손해에 대해 가입금액 한도 내에서 보상한다.

3) 대물배상

자동차 사고로 타인의 재물에 입힌 손해를 가입금액 한도 내에서 보상하며 최소 2천만 원 이상을 가입해야 한다.

4) 자기신체사고

자동차 사고로 본인 또는 가족이 사망하거나 다치게 되는 경우 가입금액 한도 내에서 사망, 상해 급수에 따라 후유장해 및 부상에 대한 보험금을 지급받을 수 있다.

5) 자동차 상해

상해 급수에 상관없이 치료비 및 위자료, 휴업손해를 보상받을 수 있는 담보로서 자기신체사고의 내용을 확장한 보장이다.

6) 무보험차 차량손해

무보험차나 뺑소니 차량에 의해 상해를 입게 되었을 경우 상대방의 의무보험인 대인배상1을 초과하는 손해를 보상하며 다른 사람의 차에 탑승 중이거나 보행 중 발생한 사고에 대해서도 보상받을 수 있다.

7) 자기차량손해

자동차 사고로 인해 피보험 자동차에 대한 손해를 자기부담금

을 제외하고 보험가입금액 한도로 보상한다. 차 대 차 사고가 아
닌 단독사고인 경우에는 차량단독사고 손해보상 특약에 가입해
야 보상받을 수 있다.

자동차보험 종류

구분	보장내용
대인 I / II	타인에게 입힌 손해 배상
대물	타인의 재물에 입힌 손해 배상
자기신체사고 (자동차상해)	피보험자의 손해 보상
무보험차 상해	무보험차량에 의한 손해 보상
자기차량 손해	피보험 자동차의 손해 보상

운전자보험

운전자보험은 자동차 사고 시 형사적인 비용과 행정적인 비용
을 보상해주는 보험이다. 운전자 특약은 실제 손해 정도에 따라
보험금을 받는 비례보상이며, 중복 보상을 받을 수 없다는 특징
이 있다. 운전자보험의 주요 특약으로는 교통사고 처리지원금,
변호사 선임비용, 벌금이 있으며 자동차부상위로금과 같은 상해

특약을 추가할 수 있고 영업용 운전자의 경우에는 면허 정지위로금, 면허 취소위로금 특약에 가입할 수 있다.

12대 중과실 교통사고

민사상 책임과 함께 형사적 책임을 지게 되는 사고

1. 신호위반
2. 중앙선 침범
3. 속도위반 (2okm 이상)
4. 앞지르기 위반
5. 철길건널목 통과방법 위반
6. 횡단보도 보행자 보호 위반
7. 보도 침범
8. 승객추락방지 의무 위반
9. 어린이보호구역 안전운전 위반
10. 화물고정조치 위반
11. 무면허 운전 ✓ 운전자보험에서 보상하지 않음
12. 음주운전

1) 교통사고 처리지원금

자동차 사고로 상대방이 사망, 중상해 또는 중대 법규위반 교통사고로 6주 이상의 진단을 받게 될 경우, 가입금액 한도 내에서 발생하는 합의 비용을 보상하는 특약이다. 현재는 6주 미만 사고에 대한 교통사고 처리지원금 특약도 판매되고 있다.

2) 변호사 선임비용

사고 해결을 위해 변호사 선임비용이 발생하는 경우 가입금액 한도 내에서 보상한다.

3) 면허 정지위로금

교통사고로 면허정지 처분을 받은 경우 최대 60일 한도로 일당으로 지급하는 금액이다.

4) 면허 취소위로금

교통사고로 면허취소 처분을 받은 경우 정해진 금액을 보상받을 수 있다.

5) 벌금

사고 결과에 따라 부담해야 하는 벌금을 가입금액 한도 내에서 보상받을 수 있다. 2020년도 3월 25일부터 시행된 민식이법은 어린이보호구역 내에서 자동차 사고로 사망 또는 상해 발생 시 벌금 한도를 기존 2천만 원에서 최대 3천만 원으로 높인 법률이다. 민식이법 시행에 따라 보험사 또한 벌금 한도를 최대 3천만 원으로 높인 특약으로 운전자보험 상품을 판매하고 있다. 어린이보호구역 내 어린이는 만 13세 이하의 어린이를 의미한다.

6) 자동차 사고 부상위로금

자동차 사고에 대한 결과로 약관에 명시된 부상 등급을 받은 경우 등급에 따라 지급금액을 차등적으로 지급한다. 부상 등급은 1~14급으로 구분되며 1급으로 갈수록 더욱 심한 등급으로 분류된다. 자동차 사고 부상위로금 담보에 가입할 때에는 가장 범위가 넓은 1~14급 특약으로 구성해주어야 하며. 기존 운전자보험에 가입하면서 1~3급, 1~5급 등으로만 가입되어있는 경우가 많아 넓은 범위로 가입되어있는지 확인해보는 것이 필요하다.

부상등급에 따른 주요 진단명

부상급수	진단명
1~3급	심장/신장 파열 수술. 대퇴골/경골 골절
4~6급	상완골 경부골절. 전방/후방 십자인대 파열
7~9급	쇄골골절. 다발성 늑골골절. 추간판탈출증
10~12급	뇌진탕. 척추 염좌
13~14급	수족지관절 염좌. 사지의 단순 타박

운전자보험은 저렴한 보험료로 자동차 사고 시 발생할 수 있는 큰 금액을 보상받을 수 있는 효율적인 보험이다. 따라서 자동차를 운전한다면 운전자 특약을 반드시 구성해주는 것이 좋다. 또한 운전자보험은 주요 특약들 외에도 상해에 대한 보장을 구성할 수 있어 상해에 대한 보장내용을 보완하기 위한 방법으로

활용되기도 한다.

치아보험

치아보험은 치아치료 시 발생하는 치료비용을 보상받을 수 있는 보험이다. 치아치료는 국민건강보험이 적용되지 않는 항목이 많고 한 번 치료를 받게 되면 여러 번 반복되는 경우가 많아 평균 치료비용이 높게 형성되는 특징이 있으며 치아보험을 통해 효율적인 대비가 가능하다. 치아보험의 주요 보장특약은 보존치료비와 보철치료비이며, 이외에도 치주 치료 및 발치 치료비, 영구치상실 치료비 등을 보장받을 수 있다. 치아보험은 단기 보험금 수령 목적의 가입을 방지하기 위해 90일이 지난 다음 날부터 보장이 개시되며, 보장에 따라 일정 비율의 감액기간이 설정된다.

1) 보존치료비

보존치료비는 치아에 대한 충전 치료 및 크라운 치료를 보상받을 수 있는 특약이다. 충전 치료는 충전재료에 따라서 받을 수 있는 보상금액이 다르며, 크라운 치료는 정해진 가입금액으로 보상된다. 특약에 따라 연간 3개 한도, 무제한 한도로 보장받을 수 있으며, 일반적으로 1년의 50% 감액기간이 설정된다.

2) 보철치료비

보철치료비는 치아에 대한 임플란트 치료, 브릿지 치료, 틀니 치료를 보상받을 수 있는 특약이다. 보존치료비와 마찬가지로 특약에 따라 연간 3개 한도, 무제한 한도로 보장받을 수 있으며, 일반적으로 2년의 50% 감액기간이 설정된다.

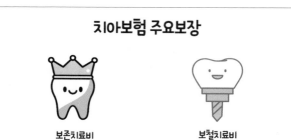

치아보험은 가입하는 시기가 중요하다. 치아보험은 보장내용을 잘 구성했다고 하더라도 가입 시기를 잘못 선택한다면, 보험료만 납입하고 아무런 치료를 받지 않고 해지하게 될 가능성이 높기 때문이다. 예를 들어 치아가 건강한 성인이 갑작스럽게 임플란트 치료를 받게 될 가능성이 얼마나 될까? 아마 가능성은 매우 낮을 것이다. 치아치료는 갑작스럽게 발견되어 치료하는 다른 질환들과 달리 치료 순서의 과정이 보통 정해져 있다. 충전 치료에서 신경치료 및 크라운 치료, 임플란트 치료 순서로 진행되거나 잇몸질환 등이 있을 경우 임플란트 치료로 이어지기에 원래 치아가 좋지 않거나 과거에 치료를 받았던 경우라면 치아 상태를 확인하고 가입 시기를 결정하는 것이 중요하다.

치아보험은 오래 유지할수록 납입한 보험료가 실제 보상받는 금액보다 많은 경우가 많다. 이미 가입한 상태라면 현재까지 납입한 보험료를 확인해보고 현재의 치아 상태를 고려하여 유지 여부를 결정해주는 것이 합리적이다.

간병보험

간병보험은 노후의 건강을 대비하는 대표적인 보장성 보험이다. 주요 보장특약으로는 장기요양등급진단비와 간병인 특약이 있으며 간병보험은 다른 보험에 비해 일반인들에게 익숙하지 않아 잘 모르는 경우가 많지만 점차 국민의 노인 비중이 증가하고 국가의 복지제도가 점차 발전함에 따라서 조금씩 주목받고 있다.

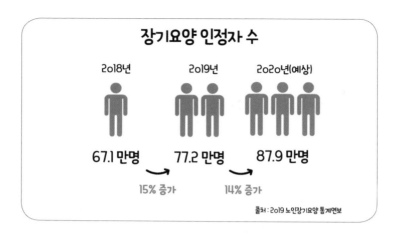

장기요양 인정자 수

2018년	2019년	2020년(예상)
67.1 만명	77.2 만명	87.9 만명

15% 증가   14% 증가

출처 : 2019 노인장기요양 통계연보

1) 장기요양등급진단비

장기요양등급은 국민건강보험공단에 신청하여 부여받는 등급
에 따라 그 진단비를 받을 수 있는 특약이다. 장기요양등급은 노
인성 질환 또는 65세 이상의 노인을 대상으로 장기요양등급 판정
기준에 따라 가장 도움이 필요한 1급부터 5급으로 등급을 부여한
다. 장기요양등급을 진단받을 경우 일부 비용만 부담하고 방문 요
양 및 간호, 복지용구 구입 및 대여 등의 지원을 받을 수 있다. 여
기서 노인성 질환이란 치매, 뇌혈관질환, 파킨슨병을 의미한다.

간병보험은 치매, 뇌혈관질환과 같은 노인성 질환과 65세 이상이
면서 요양이 필요한 경우에도 진단받을 수 있고 장기요양등급 진
단자 수는 계속해서 증가하고 있어 노후를 대비할 수 있는 매우 효

율적인 특약이다. 장기요양등급진단비 특약에 가입할 때에는 가장 넓은 범위인 1~4급 또는 1~5급으로 가입해주는 것이 좋다.

2) 간병인지원 입원 일당

간병인지원 입원 일당은 질병 및 상해 등으로 인해 입원을 하게 될 경우 정해진 입원 일당 또는 간병인을 지원받을 수 있는 특약이다. 1인 가정 및 맞벌이 가구의 증가로 가족의 간병이 어렵게 된 사회 구조와 더불어 하루 평균 간병인 비용은 8~12만 원으로 장기 입원 시 상당한 경제적 부담으로 작용하게 되었다. 이런 경우 간병인지원 입원 일당을 통해 동일 질병 또는 상해를 원인으로 최대 180일까지 간병인을 지원받을 수 있다.

우리나라는 낮아지는 출산율과 평균수명의 증가로 인해 점차 고령사회로 진입하면서 노후 대비의 필요성이 강조되고 있다. 우리나라는 OECD 노인빈곤율 1위를 차지할 만큼 노인가구의 경제적, 사회적인 문제가 심각한 현실이다. 은퇴 후 수입은 감소하고 건강은 악화되는 상황 속에서 질병과 사고와 같은 경제적인 문제에 부딪혔을 때 경제적인 부담이 더욱 크게 다가올 가능성이 높다. 또한 1인 가구 및 맞벌이 가정의 증가 등으로 인해 간병에 대한 비용이 증가함에 따라 간병보험은 노후를 대비하는 중요한 자산이 되었다.

치매보험

치매는 후천적으로 인지기능의 손상이 발생하여 일상생활에 영향을 미치는 뇌질환이다. 치매보험은 치매를 진단받을 경우 진단비 및 생활비를 보상받을 수 있는 보험이다. 주요 보장내용은 치매 평가척도(CDR)에 따라 경도치매, 중등도치매, 말기치매 등으로 구분하여 진단비 또는 생활비로 보상한다. 고령사회로 진입함에 따라 치매 환자 수는 꾸준히 증가하고 있고 개인 부담 비용도 늘어나고 있어 저축 또는 보험을 통해 충분히 준비하는 것이 필요하다.

1) 경도치매 진단비

경도치매를 진단받을 경우 보상받을 수 있는 특약이다. 경도치매는 일상생활에 지장이 있는 기억력 장애의 증상을 보이는 상태이다.

2) 중등도치매 진단비

중등도치매를 진단받을 경우 보상받을 수 있는 특약이다. 중등도치매는 반복된 과거에 대해서만 기억하고 새로운 기억은 상실하는 상태이다.

3) 중증치매 진단비

중증치매를 진단받을 경우 보상받을 수 있는 특약이다. 중증치매는 단편적인 사실에 대해서만 기억하며 문제 해결이 불가능한 상태이다.

4) 말기치매 진단비

말기치매를 진단받을 경우 보상받을 수 있는 특약이다. 말기치매는 자신을 인지하지 못하고 일상생활 활동이 불가능한 상태이다.

치매는 치매보험 외에도 실손의료비 보험, 간병보험, 질병후유장해 특약 등으로 보장받을 수 있다. 따라서 치매를 대비하기 위해 보험에 가입한다면 현재 보장받을 수 있는 보험이 있는지 확인해보고 좀 더 효율적으로 대비할 수 있는 방법을 선택해 가입하는 것이 합리적이다.

치매 척도 및 증상

척도	증상
CDR1(경도)	일상생활에 지장이 있는 상태
CDR2(중등도)	시간에 대한 인지능력 상실
CDR3(중증)	문제해결 및 판단 불가
CDR4(심각)	자신의 이름에만 반응
CDR5(말기)	자신을 의식하지 못함

주택화재보험

주택화재보험은 화재로 인한 주택의 손해 및 타인에게 끼친 손해를 보상하는 보험이다. 주택화재보험은 실제 손해에 비례해서 보상하는 비례보상이며 중복보장을 받을 수 없다는 특징이 있다. 화재는 한 번 사고가 발생할 경우 매우 큰 손해가 발생하는 위험이므로 평소 주택의 안전을 잘 관리하는 것이 필요하며, 화재보험을 통해 저렴한 보험료로 손해를 대비하는 것이 가능하다. 화재보험의 주요 보장내용은 건물손해와 가재도구 손해가 있으며, 화재배상책임 특약이 있다.

1) 건물, 가재도구 손해

건물, 가재도구 손해는 화재로 인한 건물의 직접손해, 화재 진압과정에서 발생하는 소방손해 및 피난 도중에 발생한 피난손해에 대하여 건물 및 가재도구에 발생한 손해를 가입금액 한도로 보상한다. 여기서 가재도구란 집안 살림에 쓰이는 TV, 세탁기, 냉장고, 가구 등의 물건을 의미한다.

2) 화재배상책임

화재배상책임 특약은 보험목적에 발생한 화재로 인해 타인의 신체 또는 재물에 발생한 법률적인 배상책임에 대한 손해를 가입금액 한도로 보상한다. 일반적으로 대인보상한도액은 1인당 사망 및 후유장해의 경우 1.5억 한도, 부상의 경우 3천만 원 한도로 보상하며, 대물보상한도액은 1사고당 10억 원으로 보상한다.

화재보험 주요보장

건물, 가재도구 손해

배상책임 비용

좋은보험에 가입하기 위해
고려해야 하는 요소 및 기준에 대해 소개한다.

chapter
5

좋은보험 가입을
위한 고려사항

GOOD INSURANCE
USER GUIDE

좋은보험 가입을
위한 고려사항

나에게 필요한 보험은?

지금까지 보험의 종류 및 특약들에 대해서 하나씩 알아보았다. 그렇다면 보장내용을 어떻게 구성해야 좋은보험이 될 수 있을까? 좋은보험이 되기 위해 가장 먼저 고려해야 하는 부분은 나에게 필요한 보험이어야 한다는 것이다. 보험은 보장자산으로써 기본적으로 구성해야 하는 자산과 개인의 상황에 따라 선택적으로 구성해야 하는 자산으로 구분된다.

기본적 / 선택적 보장자산

기본적 보장자산

암, 뇌, 심장, 수술비, 후유장해 등

선택적 보장자산

자동차, 운전자, 치아, 간병, 치매 등

- 기본 보장자산

보장자산의 역할을 할 수 있는 기본 보장자산은 위에서 설명한 내용 중 실손의료비, 후유장해, 암, 뇌혈관질환, 심장질환, 수술비, 배상책임과 관련된 보장이다. 모든 사람은 공통적으로 사고와 질병에 대한 위험성을 안고 살아가기 때문에 기본 보장자산은 우리의 재무 목표를 달성하기 위한 저축을 위해 필수적으로 준비해두어야 하는 자산이다.

- 선택적 보장자산

개인의 환경과 상황에 따라 선택적으로 가입하면 되는 보장자산이다. 선택적 보장자산의 항목으로는 사망, 자동차, 운전자, 치아, 간병/치매, 주택화재보장 등이 있다.

1) 사망

사망보험은 내가 아닌 남겨진 가족이 받는 보장이다. 따라서 남겨진 가족을 기준으로 가입 여부와 가입금액을 결정해야 한다. 사망보험금은 남겨진 가족이 새로운 환경에 적응하기 위한 시간과 경제적인 비용으로 활용된다. 따라서 보험금이 필요한 가족이 없다면 사망보험에 대한 니즈는 크게 감소한다. 사망보험금이 가장 필요한 시기는 자산을 형성하는 과정에서 외벌이인 경우 또는 경제적으로 독립하지 못한 자녀가 성장하고 있는 때이다. 시간이 흘러 자산이 형성되고 자녀가 경제적으로 독립함에 따라 사망보험금에 대한 니즈는 점차 감소하므로 사망보장에 가입할 경우에는 자산 형성 및 자녀의 경제적 독립 시기에 맞추어 만기를 설정할 수 있는 정기보험으로 가입하거나 적립된 금액을 바탕으로 연금으로 전환할 수 있는 기능을 가진 환급성이 높은 종신보험으로 가입하는 것이 유리하다.

2) 자동차/운전자

자동차보험과 운전자보험은 자동차 운전과 관련된 보장이다. 따라서 운전을 하지 않는 경우라면 별도로 가입할 필요는 없다. 반대로 자동차 운전을 한다면 자동차보험과 운전자 특약은 저축을 위한 기본 보장자산으로써 필수적으로 준비해두어야 하는 자산이 된다.

3) 치아

치아가 건강한 사람이라면 치아보험에 가입할 필요는 없다. 치아질환으로 인한 치료는 순서가 있기 때문에, 평소 치아와 관련하여 문제가 없었다면 갑작스럽게 치료가 이루어질 가능성은 매우 낮기 때문이다. 반대로 평소 치아 문제가 있었거나 과거에 치료했던 이력이 있었다면 적정한 시점에 치아보험에 가입함으로써 나중에 발생할 수 있는 치아치료 비용을 크게 감소시킬 수 있다. 예를 들어 어린이가 치아보험에 가입하는 경우 어린이 치아치료가 주로 충치 치료와 크라운 치료로 집중되고 임플란트 치료로 이어지는 경우가 잘 없다는 점을 고려하면 보존치료비 특약을 중심으로 구성하면 더욱 효율적인 가입이 가능하다.

4) 간병/치매

간병보험과 치매보험은 대표적인 노후 대비 보험상품이다. 위험에 대한 비용을 미리 준비할수록 보험료가 저렴하다는 장점이 있지만, 일찍부터 구성하지 않고 필요성을 느낄 때 가입하더라도 충분하다.

5) 주택화재

주택화재보험은 화재로 발생할 수 있는 큰 금액을 저렴한 보험료로 대비할 수 있기 때문에, 본인 소유의 주택 또는 전세로 살고 있다면 가입해두는 것이 좋다.

보험에 정답은 없으나
올바른 방향성은 존재한다

보험은 정답이 없다. 보험 자체가 언제 어떻게 발생할지 모르는 위험을 대비하기 위한 성격을 지니고 있으므로 개인에게 어떤 위험이 발생할지 모르기 때문이다. 당장 내일 나에게 무슨 일이 일어날지는 아무도 모른다. 내일 길을 걷다가 넘어져 다리가 부러질 수도 있지만, 보험에 가입했던 한 달 전 골절 진단비에 가입하는 것이 좋을지, 가입금액은 어느 정도가 적당할지에 대한 당시의 판단은 다를 수 있기 때문이다. 그리고 보험에 가입하는 개개인은 모두 성별, 나이, 직업 등 모두 서로 다른 삶의 형태를 영위하며 살고 있기 때문에 하나의 기준으로 보장의 필요성 여부를 판단하는 것도 적합하지 않다.

보험에 정답은 없지만 올바른 방향성을 가진 보험은 존재한다. 올바른 방향성을 가진 보험이 바로 '좋은보험'이다. 올바른 방향성을 갖춘 좋은보험이 갖추고 있는 조건에 대해 알아보자.

보장 우선순위

모든 일에는 우선순위가 있고 우선순위에 따라 일을 처리하는 것이 중요하다는 사실은 모두가 알고 있다. 마찬가지로 좋은보험을 위해 먼저 알아보아야 할 것은 보장에 대한 우선순위를 확인하는 것이다. 우선순위가 되는 보장은 상대적으로 발생빈도가 높고 질병 또는 상해 시 발생할 수 있는 치료비를 효율적으로 대비할 수 있는 보장을 의미한다.

1) 실손의료비

보험료 대비 보장효율이 가장 좋은보험이다. 보장범위가 매우 넓고 일상생활 중에서 발생하는 치료비의 대부분을 환급받을 수 있어 보장자산을 구성할 때에 가장 우선적으로 고려해야 한다.

2) 3대 진단비

3대 진단비는 암, 뇌혈관질환, 심장질환에 대한 진단비를 의미한다. 3대 진단비는 사람의 생명과 직결되는 질환이며, 통계적으로 평균적인 직접치료 및 간접비용이 4천만 원 이상이 되는 만큼 우선적인 준비가 필요하다.

3) 수술비

모든 질병 및 상해를 보험을 통해 준비할 수는 없지만, 생명에 영향을 미치거나 가만히 놔두면 심각해질 수 있는 상황에서는 치료를 위해 수술이 반드시 동반된다. 수술비 담보를 통해 다양한 종류의 질환들을 효율적으로 대비할 수 있다.

4) 후유장해

후유장해란 질병 또는 상해로 인해 치료가 이루어진 후 더 이상 호전되지 않는 상태를 의미한다. 수술비와 함께 포괄적인 보장범위를 형성하며 여러 질병 및 사고로 인한 경제적인 위험을 효율적으로 대비하는 것이 가능하다.

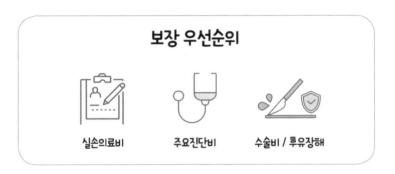

우선순위는 개인의 성별, 나이, 가족력, 경제상황, 기존 병력 등에 따라 달라질 수 있다. 본인의 상황에 맞추어 어떻게 보험을 구성하는 것이 좋을지 판단하는 것이 어렵다면, 전문가의 도움을 받는 것이 현명하다.

넓은 보장범위

좋은보험에 가입하기 위해 두 번째로 고려해야 하는 사항은 보장범위를 확인하는 것이다. 특약의 보장범위는 곧 만약의 사고가 발생했을 때에 보상을 받을 수 있는 가능성을 의미한다. 따라서 좁은 범위를 구성하는 특정 진단비 또는 특정 수술비와 같은 보장보다는 포괄적인 보장범위의 특약을 우선적으로 구성하고 난 후 세부적인 보장특약으로 보완해주어야 한다.

1) 사망

사망에 있어 가장 넓은 범위의 보장은 일반사망이며, 재해(상해)사망과 질병사망을 포함한다.

2) 후유장해

후유장해는 3~100%의 범위로 가입하는 것이 보장범위가 가장 넓게 형성된다.

3) 암

암은 일반암, 유사암을 우선적으로 구성해야 빈틈없이 보장받을 수 있고 일반암에 포함되는 고액암과 소액암, 특정암을 통해 특정 부위에 대한 암을 보완할 수 있다.

4) 뇌혈관질환

가장 포괄적인 보장범위인 뇌혈관질환을 우선적으로 구성하고 다음으로 넓은 보장인 뇌졸중, 뇌출혈 담보의 순서로 보완해주는 것이 좋다.

5) 심장질환

가장 포괄적인 보장범위인 허혈성 심장질환을 우선적으로 구성하고 다음으로 넓은 보장인 급성심근경색 담보로 구성해주어야 한다.

6) 수술비

수술비는 가장 범위가 넓은 종수술비와와 상해/질병수술비를 우선적으로 구성하고 N대 수술비, 특정 수술비 순으로 보완해주는 것이 좋다.

7) 자동차부상위로금/장기요양등급

등급에 따라 보험금이 차등 지급되는 담보의 경우에는 가장 높은 단계인 1급부터 가장 낮은 단계까지 보상받을 수 있는 특약으로 가입해야 한다. 실제 사고 및 질병이 발생하는 경우에는 높은 등급보다 낮은 등급을 진단받는 경우가 상대적으로 훨씬 많기 때문이다. 자동차부상위로금의 경우 1~14급, 장기요양등급은 1~5급으로 구분하여 차등 지급한다.

8) 치매

증상이 순차적으로 진행되는 질환의 경우에는 시작 단계의 보장 위주로 가입해주는 것이 좋다. 치매의 경우에는 가장 먼저 진단받는 경증치매, 중등도치매, 중증치매 순으로 우선순위를 두고 보험에 가입해야 한다.

적당한 보험료

사실 보험은 가입이 시작인 금융상품이다. 가입했다고 해서 끝이 아니라 납입기간 동안 꾸준히 보험료를 납입해야 하고 실제 보험사고가 발생한 경우에는 보험금을 청구하고 보상받는 절차가 있기 때문이다. 따라서 좋은보험에 가입하는 것만큼 좋은보험을 유지하는 것도 중요하다는 사실을 알아야 한다. 보험을 유지하지 못하고 중도에 해지하게 되는 경우에는 그동안 납입한 보험료뿐만이 아니라 받을 수 있었던 보장까지도 받지 못하기 때문에, 보험을 유지하는 데 문제가 되지 않도록 적당한 보험료로 가입하는 것 또한 좋은보험의 핵심적인 요소가 된다.

그렇다고 해서 보험에 가입할 때, 보험료를 기준으로 삼는 것은 옳지 않다. 보험료를 낮추기 위한 목적으로 기본적인 보장자산에 충분한 보장금액을 설정해두지 않는다면, 만약의 위험이 발생하였을 때 부족한 보장금액이 비용이 줄인 보험료 총액보다 훨씬 많을 수 있기 때문이다. 따라서 보험 내용을 구성할 때에는 보장을 중심으로 하되 보험료는 납기와 만기, 낮은 우선순위의 보장을 조정하는 방식으로 적당한 보험료를 설정하는 것을 추천한다.

충분한 보장금액

보장금액은 충분해야 한다. 보장자산으로써 다른 재무계획을 보장하기 위해서는 큰 비용이 발생할 수 있는 상황을 충분히 감당할 수 있는 금액이 있어야 하기 때문이다. 보장금액은 본인의 수입이나 가족의 생활비 등을 고려해서 설정해야 한다. 보장금액은 많으면 좋지만 반대로 너무 과한 보험금은 오히려 높은 보험료 부담으로 작용하여 보험 유지를 어렵게 하고 목적자금을 위한 저축 기간이 길어지는 상황을 만들기도 한다.

보장내용에 따른 보험금은 어느 정도가 적당할까? 보험금액은 보험에 가입할 때 가장 고민이 되는 내용 중 하나다. 이를 정확히 하려면 먼저 보험금의 역할을 이해해야 한다. 보험금은 사고 및 질병의 치료비용으로 활용되며 치료비뿐만 아니라 가족들의 교통비, 숙박비, 식비, 간병비 등의 간접비용 그리고 치료로 인해 감소되는 수입을 감당해주는 역할을 한다. 따라서 보험금액은 치료비용과 간접비용, 직업 상실 및 수입 감소 등의 영향을 고려하여 설정하는 것이 바람직하다. 질병 및 사고로 인한 비용 및 손해에 대한 통계와 자료를 참고하여 본인에게 필요한 보험금 기준을 설정하고 자신의 보험을 점검해 보장금액이 충분하지 않다면 추가적인 보완을 해주어야 한다.

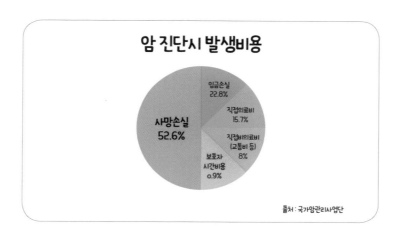

1) 사망보험금

사망보험금은 부양가족의 수와 평소 생활비를 기준으로 보험금액을 설정해야 한다. 배우자가 경제활동을 한다면 필요한 사망금액은 자녀의 양육비용에 보탬이 될 수 있는 금액으로 설정하고 배우자가 경제활동을 하지 않는다면 새로운 직업을 구할 때까지 시간을 확보해줄 수 있는 생활비에 대한 추가적인 고려가 필요하다. 나이가 들수록 사망보험에 대한 니즈는 감소하므로 만기를 설정하는 정기보험을 통해 저렴한 보험료로 가입이 가능하며 종신보험이라면 체감형 상품을 통해 보험료를 줄일 수 있다. 환급성이 높은 종신보험이라면 사망보장과 함께 적립된 금액을 이용해 연금으로 전환하여 생활비로 활용이 가능하므로 보험료 자체에 대한 부담을 크게 줄일 수 있다.

2) 암

암에 대한 보험금액은 최소 5천만 원 이상 준비해주어야 한다. 2016년 한국 암 치료 보장성 확대 협력단이 발표한 자료에 따르면 암 치료에 소요되는 평균 비용은 2,877만 원으로 형성되며, 간, 폐, 췌장과 같은 주요 부위는 더 많은 비용이 발생한다. 그리고 2005년 국립암센터에서 발표한 보고서에 따르면 간접비용은 직접 치료비용의 약 3배가 발생한다고 한다. 통계를 참고하여 직접비용과 간접비용을 고려하면 최소 5천만 원 이상의 금액은 준비해야 충분한 금액을 보장받을 수 있다.

3) 뇌혈관/심장질환

혈관질환은 진단비와 수술비를 포함하여 3천만 원 이상 준비하는 것이 좋다. 2015년 삼성생명 은퇴연구소에서 발표한 자료에 따르면 평균 뇌혈관질환 치료비용은 5,132만 원, 심장질환의 치료비용은 4,837만 원으로 형성된다. 이 또한 간접비용을 고려하면 최소 3천만 원 이상의 금액을 준비해두어야 한다.

적절한 납입기간 및 보장기간

충분한 보험금액을 설정했다면 적절한 납입기간 및 보장기간을 설정해야 한다. 납입기간과 보장기간은 보험료에 영향을 미치므로 자신의 경제활동 기간, 보험료 부담 등을 고려하여 조정해주는 과정이 필요하다.

1) 납입기간

납입기간은 보험료를 납입하는 기간이다. 갱신형 상품과 달리 비갱신형 상품은 보험료를 납입하는 기간을 설정할 수 있다. 백화점에서 물건을 살 때에 할부로 계산하는 것과 같이 납입기간이 길어지면 월 납입하는 보험료는 줄어들고, 총 납입하는 보험료는 증가한다. 납입기간은 상품에 따라 5년, 10년, 20년, 30년, 전기납 상품 등이 있으며, 비갱신형 상품의 경우 일반적으로 남은 경제활동 기간을 고려하여 20년을 설정하는 경우가 많다.

갱신형 상품은 보장기간 동안 계속해서 보험료를 납입해야 하는 특징이 있다. 이번 달 보험료를 납입하고 이번 달 보장받는 개념의 보험이다. 따라서 갱신형 보험에 가입할 때에는 보험료를 지속해서 납입해야 한다는 점과 보험료가 갱신되어 보험료가 인상될 수 있음을 잘 알고 활용해야 한다.

2) 보장기간

보장기간은 보장을 받는 기간을 의미한다. 종신, 100세, 90세, 20년 등으로 보장기간 설정이 가능하며 보험료는 보장기간이 길어질수록 증가하고 짧아질수록 감소한다. 지금은 100세 시대라고 불리는 만큼 평균수명의 증가로 인해 보장이 필요한 기간 또한 증가하게 되었다. 따라서 보장기간은 충분히 길게 설정해야 노인이 되어서의 보장 공백 및 추가적인 가입 소요를 예방할 수 있다.

과거에 가입한 보험상품들은 대부분 80세만기로 구성되어있었으나 지금 80세만기는 많은 사람에게 짧은 보장기간으로 인식되어 추가적인 보험가입 및 리모델링으로 이어지고 있다. 추가적인 보험가입 및 리모델링은 다시 보험료를 납입해야 하는 경제적 부담으로 작용할 수 있으므로 보장기간은 충분히 길게 설정해주는 것이 좋다. 이미 보험에 가입되어있다면 보험금액 및 보험료뿐만 아니라 보장기간도 함께 점검해보아야 한다.

납입면제 기능

∘∘∘∘∘∘∘∘∘

납입면제는 보장개시일 이후 약관에서 명시하고 있는 특정 질환 또는 명시된 후유장해율 이상으로 진단이 이루어지는 경우 가입한 보험에 대해 차후의 보험료 납입을 면제해주는 기능이다. 보험사마다 납입면제에 해당하는 질환은 조금씩 차이가 있지만, 일반적으로 성인 건강보험의 경우 유사암을 제외한 일반암, 뇌졸중, 급성심근경색 진단 시 차후 납입 보험료를 면제받을 수 있으며, 어린이보험의 경우 일반암, 유사암, 뇌혈관질환, 허혈성 심장질환으로 진단 확정 시에 차후 보험료를 면제받을 수 있다. 납입면제 기능은 특정 질환의 발병 이후에 발생할 수 있는 가입자의 보험료 부담을 감소시켜주는 기능을 하기에 포함시켜주는 것이 좋다.

보험료 납입면제 기능

보험에서 정한 사유 발생시 그 시점 이후의 보험료 납입을 면제

구분	납입면제 사유
성인보험	50% 또는 80% 이상 후유장해 일반암(유사암 제외), 뇌졸중(뇌출혈), 급성심근경색
어린이보험	50% 또는 80% 이상 후유장해 일반암, 유사암, 뇌혈관질환, 허혈성 심장질환

같은 보장내용을 받는다면
저렴한 보험료로 가입하고 싶은 것이 당연하다.

chapter
6

보험료를
줄이는 방법

**GOOD INSURANCE
USER GUIDE**

보험료를
줄이는 방법

보험료는 중요하다

보험이라는 보장자산을 구성할 때에는 보장내용을 우선적으로 고려해야 하지만, 같은 보장을 받을 수 있다면 당연히 저렴한 보험료로 가입하는 것이 효율적인 보험가입 방법이다. 보험을 상품적으로, 구조적으로 저렴하게 가입하는 방법을 소개한다.

순수보장형
(소멸형)으로 가입하라

순수보장형 상품은 보장과 관련된 보험료로만 구성되어 필요한 보장내용에 해당하는 최소한의 보험료만으로 가입이 가능한 상품이다. 중도 해지 또는 만기 시에 환급받을 수 있는 적립금액을 줄인 만큼 저렴한 보험료로 가입이 가능하다는 특징이 있다. 나중에 일정한 금액을 돌려받을 수 있는 환급형 상품은 겉으로 보기에는 더욱 좋은보험인 것처럼 느껴질 수 있지만, 실제로 환급을 위한 보험료가 그 안에 포함되어있어 같은 보장내용을 구성하더라도 더 많은 보험료를 납입해야 하는 구조를 가지고 있다. 결과적으로 환급형 상품은 일정 금액을 돌려받기 위해 더 많은 보험료를 납입해야 한다.

생명보험사의 주계약이나 손해보험사의 적립보험료를 재원으로 형성되는 환급금액은 약관에 만기환급금이 명시되어있지 않다면, 일반적으로 일정 기간 동안 증가하다가 나이가 들어감에 따라 점차 감소하는 구조를 지니고 있다. 또한 납입한 원금에 도달하지 못하는 경우도 종종 있어 효율이 많이 떨어지는 편이다. 앞의 보장성 보험 및 저축성 보험의 개념에서 설명했듯 보험은 보장에 최적화된 상품과 저축 및 환급에 최적화된 상품이 따로 있으므로 순수보장형 상품과 저축 및 환급을 위한 상품으로 구분하여 목적에 맞게 가입하는 것이 효율적이며 적립을 위한 추가적인 보험료에 해당하는 금액을 생활비 등 다른 용도로 활용하는 것이 효율적이다.

무해지환급형을
활용하라

무해지환급형이란 납입기간 중 해지하게 되면 해지환급금이 없는 상품이다. 무해지환급형 상품은 중도 해지하게 될 경우에는 해지환급금을 돌려받을 수 없고 납입이 완료되면 해지환급금이 발생하며, 납입 중 해지환급금이 없는 대신 중도 해지 시 해지환급금을 돌려받을 수 있는 유해지환급형 상품에 비해 보험료가 20~30% 저렴하게 형성된다. 따라서 유해지환급형 상품으로 10만 원으로 보험에 가입할 수 있다면 무해지환급형 상품을 통해 7~8만 원으로 보험에 가입이 가능하다. 즉, 20~30% 저렴한 보험료로 가입이 가능한 구조의 상품이다.

보험은 한번 잘 가입해서, 잘 유지하고 평생 보장받는 상품이다. 보험은 해지를 목적으로 가입하는 금융상품이 아니기에 무해지환급형 상품으로 가입하는 것이 좋다. 중도 해지 시 환급금이 있는 상품으로 가입하더라도 중도 해지환급금이 20~30%가 되지 않는 경우도 있고 종신보험을 제외한 보장성 보험은 일반적으로 해지환급금이 일정 기간 증가하다가 만기가 되면 0원으로 수렴하는 구조를 가지고 있기 때문에, 할인된 20~30%의 보험료를 따로 저축하는 것이 경제적으로 따져보더라도 더 유리한 경우가 많다. 그리고 납입 중 해지환급금이 없다는 부분은 보험 유지에 대한 동기를 높여주는 효과도 있다.

요즘은 대부분의 상품이 저렴한 보험료로 구성이 가능한 무해지환급형으로 판매되고 있다. 따라서 보험에 가입할 때, 잘못 가입해 중도 해지하거나 다시 리모델링을 해야 하는 상황이 발생하지 않도록 좋은보험에 가입하는 것이 더욱 중요해진 상황이다.

보험사를 비교하라

보험료를 줄이는 또 다른 방법은 보험사를 비교하는 방법이다. 현재 우리나라에는 서른 개 이상의 보험회사가 있으며 같은 보장이라도 보험사에 따라 보험료가 다르게 형성된다. 그 이유는 보험사고에 대한 보험료를 결정하는 데 있어 보험사마다 상품 및 특약에 적용하는 손해율, 사업비 등의 변수가 서로 다르고 보험료에는 영업을 위한 전략적인 요소도 반영되어있기 때문이다. 이러한 보험사의 차이를 이용하면 더욱 저렴한 보험료로 보험가입을 할 수 있다.

절대적으로 모든 보장이 저렴한 보험사는 없지만 어떻게 보장자산을 구성하느냐에 따라 상대적으로 저렴하게 보험료가 형성되는 보험사는 있으므로 보험사를 비교하면 좀 더 저렴하게 보험에 가입할 수 있다. 그리고 보험사를 비교할 때에는 단순히 보험료만을 좇기보다는 보험사마다 차이가 있는 약관의 보장 차이, 지급률, 재무적 안정성 등을 종합적으로 고려하는 것이 좋다.

보험사/상품을
조합하라

보험사, 상품마다 다르게 형성되는 특약에 따른 보험료 차이를 이용하면 내가 원하는 특약을 보험사별로, 상품별로 구분하여 저렴하게 형성하는 것도 가능하다. 예를 들어 하나의 상품에서 암 진단비가 다른 보험사 상품들과 비교하여 압도적으로 저렴하게 형성된다면 암 진단비 보험과 암 진단비를 제외한 종합보험 상품으로 구분해서 가입하면 보험료를 줄일 수 있는 것이다. 하지만 주계약 또는 기본계약과 같이 반드시 포함되어야 하는 담보나 가입 최저보험료 조건 등으로 인해 불필요한 담보를 포함되거나 오히려 보험료가 높아질 수 있고 보험관리 측면에서 불편할 수 있으므로 종합적으로 저렴하게 형성되는 하나의 상품이나 나누는 것이 유리한 두 개의 상품으로 가입하는 것이 바람직하다.

보험사와 상품을 조합하는 것은 선택사항이지만, 상황에 따라 상품을 꼭 분리해주어야 하는 경우도 있다. 병력으로 인해 상품을 쪼개는 것이 유리한 경우다. 예를 들어 고혈압이나 당뇨로 약을 먹고 있는 유병자의 경우 모든 담보를 유병자보험으로 가입하는 사례가 종종 있지만 이는 잘못된 가입 방법이다. 왜냐하면 암과 관련된 특약은 대부분의 보험사에서 일반보험으로 가입이 가능하기 때문이다. 유병자보험은 일반보험과 비교해서 보험료가 더 높게 형성되기 때문에 이런 경우에는 암 관련 특약은 일반보험으로 가입하고, 나머지 보장들을 유병자보험으로 가입함으로써 더욱 좋은 조건으로 보장자산을 구성하고 보험료를 낮추는 것이 가능하다.

보험사에 따른 보장약관과 보험료를 비교하고 상품을 조합하는 부분은 전문가의 영역이다. 따라서 이러한 부분을 충분히 이해하고 있는 전문가의 도움을 받아야 한다.

할인제도를 이용하라

보험상품에는 보험료를 할인해주는 다양한 특약들이 있다. 보험사에 따라 할인제도 및 할인율 운영에 차이가 있으므로 보험에 가입할 때 본인에게 해당되는 사항이 있다면 할인 특약을 꼭 챙기도록 하자.

1) 생명보험 할인

생명보험 상품에는 건강체 할인이 있다. 건강한 사람은 보험사고가 발생할 가능성이 낮기 때문에 건강한 가입 고객을 대상으로 보험료를 할인해주는 특약이다. 보험사마다 세부적인 기준은 다르지만 1년 이상 금연, 혈압 90~140mmHg, BMI 지수 18.5~26kg/m2의 세 가지 조건을 충족하면 최대 20% 이상까지 보험료를 할인받을 수 있다.

2) 어린이보험 할인

어린이보험의 경우 다자녀 할인 특약이 있다. 피보험자인 자녀의 나이가 25세 이하면서 형제자매가 2명 이상인 경우 보험료를 최대 5%까지 할인받을 수 있다.

3) 자동차보험 할인

자동차보험은 보험료를 할인해주는 여러 특약이 존재한다. 마일리지(주행거리) 특약, 블랙박스 설치 특약, 자녀 할인 특약, 사고 및 긴급상황 통보장치 특약, 무사고 할인 특약 등 본인에게 해당되는 할인 특약이 적용된 보험료를 비교해보고 가입하는 것이 효율적이다.

다양한 할인제도

생명보험 할인   어린이보험 할인   자동차보험 할인

보험은 보장받기 위해 가입하는 금융상품이다.
좋은보험에 가입하고 정당한 보상을 받기 위해
주의해야 하는 사항들을 알아두자.

chapter
7

보험가입 시
주의사항

**GOOD INSURANCE
USER GUIDE**

보험가입 시
주의사항

보험가입은
끝이 아닌 시작이다

    보험가입은 끝이 아닌 시작이다. 보장자산을 형성해나가는 과정에서 좋은보험에 가입하는 것은 가장 중요한 부분 중 하나이지만 보험계약을 잘 관리하고 활용하는 것, 보장기간이 끝나는 날까지 보험사고가 발생할 경우 보상을 받는 것 또한 가입하는 것만큼 중요한 부분을 차지하기 때문이다. 따라서 좋은보험을 잘 가입하고 관리하기 위해 다음에서 설명하는 주의사항 및 참고사항들을 잘 알아두어야 한다.

고지의무와 통지의무

보험계약 전 알릴 의무인 고지의무와 보험계약 후 알릴 의무인 통지의무는 보험 유지 및 제대로 된 보상을 받는 데 있어 가장 중요한 사항이다. 고지의무와 통지의무가 제대로 이루어지지 않는 경우 보험이 해지당하거나 제대로 보상을 받지 못할 가능성이 있기 때문이다. 고지의무와 통지의무에 대해 알아보자.

고지의무는 계약자와 피보험자가 보험에 가입하기 전 피보험자의 건강 상태를 보험사에 알려야 하는 의무이다. 보험사는 피보험자의 건강 상태와 과거 보험금 청구 이력을 바탕으로 심사를 하고 인수 여부를 결정한다. 이는 건강 상태가 서로 다른 사람이 같은 상품으로 가입하여 건강한 계약자가 높은 보험료를 납입해야 하는 상황이나 건강이 좋지 않은 사람이 보험을 악용하는 것을 방지하기 위함이다.

고지의무에서 '중요한 사항'이란 보험자가 보험사고의 발생과 그로 인한 책임부담의 개연율을 측정하여 보험계약의 체결 여부 또는 보험료나 특별한 면책조항의 부가와 같은 보험계약의 내용을 결정하기 위한 표준이 되는 사항으로서 객관적으로 보험자가 그 사실을 안다면 그 계약을 체결하지 아니하든가 또는 적어도 동일한 조건으로는 계약을 체결하지 아니하리라고 생각되는 사항이다. 건강 상태의 주요 고지의무는 다음과 같다.

① 최근 3개월 이내 의사로부터 진찰 또는 검사(건강검진)을 통하여 다음과 같은 의료행위를 받은 사실이 있습니까?
　ㅇ 질병확정진단　ㅇ 질병의심소견　ㅇ 치료
　ㅇ 입원　ㅇ 수술(제왕절개 포함)　ㅇ 투약

② 최근 3개월 이내에 마약을 사용하거나 혈압강하제, 신경안정제, 수면제, 각성제(흥분제), 진통제 등 약물을 상시 복용한 적이 있습니까?

③ 최근 5년 이내 의사로부터 진찰 또는 검사를 통하여 다음과 같은 의료행위를 받은 사실이 있습니까?
　ㅇ 입원　ㅇ 수술(제왕절개포함)
　ㅇ 계속하여 7일 이상 치료　ㅇ 계속하여 30일 이상 투약

④ 최근 1년 이내에 의사로부터 진찰 또는 검사를 통하여 추가검사(재검사)를 받은 사실이 있습니까?

⑤ 최근 5년 이내에 아래 11대 질병으로 의사로부터 진찰 또는 검사

를 통하여 다음과 같은 의료행위를 받은 사실이 있습니까?

o 암 o 백혈병 o 고혈압

o 협심증 o 심근경색 o 당뇨병

o 심장판막증 o 간경화증

o 뇌졸중(뇌출혈, 뇌경색) o 에이즈(AIDS 및 HIV 보균)

o (실손의료비 가입의 경우) 직장 또는 항문 관련 질환

고지의무를 제대로 이행하지 않는 경우 고지내용과 보험사고에 따라 보험사는 보험금 지급을 거절하거나 보험계약을 해지할 수 있다. 따라서 본인에게 해당 사항이 있다면 이를 사실대로 고지하고 심사 결과에 따라 가입해야 하며, 고지의무에 해당되는 내용의 기간이 얼마 남지 않았다면, 고지의무기간이 끝나고 난 뒤에 심사를 확인해보는 것도 하나의 방법이 될 수 있다.

※ 심사 결과의 종류

심사 결과는 정상 인수, 할증 인수, 부담보 인수, 인수 거절 등으로 구분된다.

심사결과 구분

구분	정상인수	할증인수	부담보인수
내용	정상적으로 가입 가능	보험료를 할증하는 조건으로 가입 가능	특정질환/부위에 일정기간 또는 전기간 보장하지 않는 조건으로 가입가능
예시	–	뇌혈관질환 특약 20% 할증조건 인수	척추 5년 부담보 조건 인수

1) 정상 인수

정상적으로 보험가입이 가능하다.

2) 할증 인수

특정 특약에 대해 보험료를 할증하는 조건으로 보험가입이 가능하다.

3) 부담보 인수

특정 질환 또는 부위에 대해 일정 기간 동안 보장하지 않는 조건으로 보험가입이 가능하다. 부담보 조건은 기간에 따라 1~5년과 전 기간 부담보로 구분된다. 1~5년 부담보는 정해진 기간이 지나면 정상적으로 보상받을 수 있지만, 전 기간 보담부의 경우에는 보험기간 동안 보상받을 수 없는 조건이다.

　부담보와 관련해서 전 기간 부담보 조건이라도 5년이 지나면 보장받을 수 있다고 알고 있는 가입자들이 많다. 하지만 정확한 사실은 기본적으로 전 기간 부담보는 해당 질환 및 부위에 보장기간 전체 동안 보험금을 지급하지 않으며, 최초 계약일로부터 5년 이내에 약관에서 정한 질병으로 재진단 또는 치료를 받지 않을 경우에 한 해 최초 청약일로부터 5년이 지난 이후에는 보상한다고 약관에 명시되어있다. 5년간 진단 및 치료가 없으면 보상받을 수 있는 것은 맞지만, 전 기간 부담보 조건으로 인수된 만큼 5년 내 추가적인 진단이나 치료를 받지 않을 가능성이 높지 않다는 점에 대해서는 명확하게 인지하고 있어야 한다.

　부담보는 질병에만 적용되는 조건이다. 따라서 상해사고가 발생하였다면 부담보 조건으로 가입된 부위라도 상해와 관련된 특약이 있다면 보상받을 수 있다는 점도 참고하자.

4) 인수 거절
보험가입이 불가하다.

　고지사항이 있더라도 내용에 따라서 정상 인수가 되는 경우도

있고 할증 또는 부담보 조건으로 인수가 되더라도 기본 보장자산
이 없는 것보다는 유리한 경우가 많으므로 고지해야 하는 항목이
있고 그 심사 결과가 확실하게 예상되는 것이 아니라면 우선 심
사를 확인해보는 것이 중요하다. 그리고 보험사마다 세부 심사기
준에 조금씩 차이가 있으므로 심사 결과가 만족스럽지 않다면 다
른 보험사를 확인해보는 것도 방법이 될 수 있다.

고지의무 / 통지의무 비교

구분	고지의무 (계약 전 알릴의무)	통지의무 (계약 후 알릴의무)
내용	보험가입 전 피보험자의 건강상태를 보험사에 알려야 하는 의무	보험가입 후 피보험자의 위험상태 변경을 보험사에 알려야 하는 의무
예시	입원, 수술, 치료, 재검사 등	직업, 운전상태 변경 등

통지의무는 계약자와 피보험자가 보험에 가입한 후 피보험자
의 위험 상태에 대한 변경사항을 보험사에 알려야 하는 의무이
다. '사고 발생의 위험이 현저하게 변경 또는 증가된 사실'이라 함
은 그 변경 또는 증가된 위험이 보험계약의 체결 당시에 존재하
고 있었다면 보험자가 보험계약을 체결하지 아니하였거나 적어

도 그 보험료로는 보험을 인수하지 아니하였을 것으로 인정되는 사실을 의미하며 대표적으로 직업, 운전상태 등의 변경내용 등이 있다. 통지의무를 위반할 경우 보험사는 보험계약을 해지하거나 보험사고 발생 시 보험금을 삭감하여 지급할 수 있으며 계약자에게 보험료의 증액을 청구할 수 있다. 반대로 위험이 낮아지는 경우에는 계약자가 보험사에게 통지하면 차액보험료를 돌려받을 수 있다.

위험 통지에 따른 보험료 변경

위험 증가 → 보험료 증액

위험 감소 → 보험료 감액

설계사 선택의 중요성

보험은 하나의 금융 전문영역에 속한다. 따라서 보험상품을 판매하는 보험설계사는 한 분야의 전문가로서 제대로 된 전문지식을 갖추고 고객에 대해 바른 정보를 제공하여 고객이 충분히 이해할 수 있도록 도와주는 역할을 한다. 보험에 가입할 때에 어떠한 전문가를 만나느냐에 따라서 보장내용, 보험료, 보상을 받는 내용에서 모두 차이가 발생하기 때문에 '좋은보험'에 가입하기 위해 전문성을 갖춘 정직한 설계사에게 도움을 받는 것이 매우 중요한 요소가 되었다.

하지만 보험에 대해 잘 모르는 일반인이 볼 때 전문가를 구분하는 것은 쉽지 않은 것이 현실이다. 이 장에서는 좋은 설계사와 나쁜 설계사를 구분하는 방법에 대해서 소개한다.

좋은 설계사

좋은 설계사는 고객을 위해 노력하는 설계사다. 그러한 노력으로 인해 고객의 니즈를 파악하고 상담을 이끌어가는 방식, 보험 상품에 대해 고객이 알아야 하는 부분을 설명하는 방식, 고객에게 효율적인 보험을 구성하는 방식, 전문지식 등에서 일반적인 설계사와는 차이가 난다. 이 책을 읽으면서 보험에 대해 어느 정도 이해했다면 상담 과정에서 좋은 설계사를 충분히 구분할 수 있을 것이다.

1) 상품 구조 및 내용에 대해
자세하게 알려주는 설계사

보험상품의 구조와 특약, 보장금액, 보험료와 같은 내용은 보험상품의 본질이다. 당연히 자세히 알고 설명해야 한다.

2) 상품의 좋은 점과 주의해야 할 점을
함께 말해주는 설계사

보험가입 시 알아야 하는 내용, 보험가입에 따른 기회비용 등을 함께 고려해주는 설계사를 만나야 한다.

3) 고지해야 하는 내용에 대해
자세하게 물어보는 설계사

계약 전 알릴 의무는 정당한 보험가입과 보상을 위해 가장 중요한 사항이다. 고객의 입장에서는 번거롭게 느낄 수 있으나 고지내용을 자세하게 확인해주는 설계사가 좋은 설계사다.

4) 합리적인 근거를 바탕으로
궁금한 부분을 해소해주는 설계사

궁금한 부분을 해결할 때에는 이에 대한 설계사의 합당한 논리와 관련 근거가 있어야 한다.

나쁜 설계사

나쁜 설계사는 정직하지 않고 전문성이 부족한 설계사다. 이러한 자질들은 고객이 아닌 본인을 위한 보험을 추천하고 잘못된 보험가입을 유도한다. 나쁜 설계사는 피하기만 해도 이득이다. 나쁜 설계사의 특징을 알아보자.

1) 궁금한 부분을
해결해주지 못하는 설계사

질문에 대한 정확한 답변을 주지 못하거나 궁금한 내용과 다른 설명을 하는 등 말을 돌리는 설계사는 전문성이 부족한 설계사다.

2) 고객에게 질문하지 않는 설계사

내 상황에 맞춘 좋은보험에 가입하기 위해서는 설계사와의 의사소통이 중요하다. 보험에 가입하는 나의 상황과 원하는 보험 내용에 대해서 물어보지 않고 상품을 추천해주는 설계사에게 좋은보험에 가입할 수 있을 가능성은 희박하다.

2) 보험상품 본질이 아닌
다른 부분에 집중하는 설계사

상담 과정에서 보험상품의 구조 및 내용과 같은 본질에 집중하지 않고 본인의 경력과 직함, 장점, 서비스 등에 대해서만 열거하는 설계사는 실속이 없는 설계사다. 상품에 대한 자신이 없거나 전문성이 부족한 설계사의 특징이다.

3) 무조건 좋다는 말만 하는 설계사

좋은보험이라면 이유가 있기 마련이다. 보험사, 보장내용, 보험료 차이 등의 명확한 이유 없이 무조건 좋다고 말하는 설계사의 보험상품은 유감스럽게도 좋은 상품이 아니다. 심지어 본인이 좋다고 가입시켜놓고 나중에 더 좋은 상품이 있다고 새로 가입해야 한다고 주장하는 설계사도 종종 있는데 이런 설계사는 반드시 피하도록 하자.

5) 무조건 해지하고 다시
가입해야 한다고 하는 설계사

보험에 가입할 때에는 기존 보험의 보장내용을 고려해야 한다. 해지하고 다시 가입하는 것이 유리한 경우도 있지만, 이미 보장이 있다면 이를 보완하는 형태로 구성해주는 것이 정상적인 접근방식이다. 충분한 설명과 이유 없이 해지를 유도하는 설계사의 행동은 나를 위한 것이 아닌 설계사 본인을 위하는 것으로 정직하지 않은 설계사의 특징이다.

4) 보험에 가입하면
대가를 주겠다고 하는 설계사

보험에 가입하면 현금을 지급하고, 보험료를 대납해주거나 고가의 사은품을 주겠다고 하는 설계사는 정상적인 방법으로 고객상담이 어려운 설계사다. 보험업법상 고객에게 제공해줄 수 있는 금품은 보험계약 체결 시부터 최초 1년간 납입하는 보험료의 100분의 10과 3만 원 중 적은 금액을 한도로 명시되어있다. 이를 위반할 시에는 설계사와 계약자 또는 피보험자 모두 처벌의 대상이 되므로 피해야 한다. 잘못된 방법으로 영업을 하는 설계사에게는 제대로 된 상담 서비스를 기대할 수 없을뿐더러 이러한 영업방식을 영위하는 설계사는 금방 일을 그만두는 경우가 많다.

보험가입은 고객과 설계사의 상호작용을 통해 함께 상품을 찾고 문제를 해결해 나가는 과정이다. 앞에서 설명한 특징을 바탕으로 나쁜 설계사를 피하고 좋은 설계사를 만나 좋은보험에 가입할 수 있기를 희망한다. 좋은 설계사를 만나기 위해서는 나 또한 좋은 고객이 되어야 한다는 점을 명심하자.

보험 리모델링이 필요한 경우

요즘은 보험 리모델링이 유행이다. 보험점검을 통해 현재의 보장내용과 보험료를 확인하고 비효율적인 보험이 있다면 이를 효율적으로 가져감으로써 보장금액을 높이고 보험료를 줄일 수 있기 때문이다. 하지만 보험 리모델링이라고 하면 보험을 해지하고 다시 가입하는 것이라고 생각하는 경우도 적지 않은데, 리모델링은 보험을 해지하고 다시 가입하는 것을 의미하는 것이 아니라 부분 해지, 해지, 보험 재가입, 추가보험 가입 등을 통해 보험을 최적화하는 과정을 의미한다.

　보험 리모델링을 고려할 때에는 여러 가지 요소를 고려해야 한다. 기존에 납입한 보험료, 기존 보험 해지 시 환급금, 앞으로 납입할 보험료, 변경된 보장내용 등을 확인하고 기존 가입을 유지하는 것이 유리하다면 특약을 부분적으로 삭제하거나 감액하고 추가적으로 보완하고 새로 바꾸는 것이 유리하다면 해지 후 재가입하는 형식으로 진행된다. 보험을 해지한다고 하면 손해라고 생각하는 사람들이 많지만 지금 리모델링 하지 않고 계속 보험을 유지하는 것이 더 손해인 경우라면 매몰비용과 기회비용을 고려하여 리모델링을 해주어야 한다. 그렇다면 어떤 경우에 보험 리모델링이 필요할까?

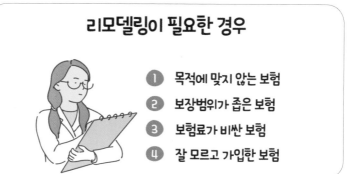

1) 가입 목적에 맞지 않는
보험상품 및 특약

그림을 그리는 화가라면 붓이 필요하고 놀고 싶은 아이에게는 장난감이 필요하다. 내가 보험에 가입하는 목적에 따라 필요한 보험도 달라진다는 뜻이다. 같은 보험이라도 목적에 따라서 나에게는 가치 있는 상품이지만, 다른 누군가에게는 필요 없는 상품이 되기도 한다. 평생 보장의 개념으로 보험에 가입했는데 갱신형 상품이라면? 차량 운전을 하지 않는데 운전자 특약이 포함된 보험에 가입되어있다면? 자녀보험을 준비하는데 성인보험으로 준비한다면? 리모델링을 고민하고 있는 보험이 있다면 가입 목적이 무엇이었는지 생각해보자.

2) 보장범위가 좁은 보험

보장자산을 구성하는 데 있어 보장범위는 만약의 위험이 닥쳤을 때에 보상을 받을 수 있는 가능성을 의미한다. 따라서 보장범위가 좁은 보험은 보험료를 납입하고 있지만 그 자체로 비효율적인 보험이 된다. 주요 보장 담보인 암, 뇌혈관질환, 심장질환과 같은 3대 진단비와 수술비는 그 보장범위를 반드시 확인하고 좁은 범위 또는 특정 질환으로만 가입이 되어있다면 보완하거나 리모델링 해주는 것이 좋다.

3) 보험료가 비싼 보험

보장 대비 보험료가 높다면 상품 구조가 원인일 수 있으며, 보험료를 높게 형성하는 비효율적인 특약이나 적립보험료 등이 포함되어있을 가능성이 있다. 실제로 몇 년을 납입 했더라도 같은 보장을 현재 기준으로 훨씬 저렴한 보험료로 가입이 가능하다면 기존 보험의 해지환급금을 돌려받으면서 새로 가입하는 것이 이득이다.

4) 잘 모르고 가입한 보험

제대로 설명 듣지 않고 이해하지 못한 상품이라 어떤 보장을 받을 수 있는지도 모르면서 보험료만 납입하고 있는 상품이다. 잘 모르고 가입한 보험은 가입 목적에 부합하지 않거나 비효율적인 보험일 가능성이 매우 높다. 이런 보험은 당장 유지한다고 하더라도 언젠가 해지하게 된다.

※ 중도 해지가 많은 보험

보험 중에서도 중도 해지가 특히 많은 상품이 있다. 보험을 중도에 해지하면 손해를 보기 때문에 이러한 상품들은 가입 시에 더 잘 알아보고 이해한 뒤에 가입해야만 한다. 중도 해지율이 높은 대표적인 보험에 대해 알아보자.

1) 변액보험

변액보험은 저축을 목적으로 가입하는 상품이다. 가입자는 처음 상품을 소개받았을 때에 설명 들었던 기대 수익률을 기준으로 수익률을 예상하지만, 기대와 다른 적립금액을 보고 해지하는 경우가 종종 발생한다. 그 이유는 변액보험이 펀드로 운용되는 실적 배당형 상품이기 때문이다. 변액보험은 자산 운용 실적에 따라 수익이 날 수도 있지만, 손해가 날 수도 있기 때문에 시장 상황에 따라 꾸준히 종목을 변경해주어야 하지만 일반적인 가입자가 이를 관리하는 것은 쉽지 않은 것이 현실이다. 수익률 관리가 되지 않으면 10년 넘게 납입을 하더라도 원금도 도달하지 못한 적립금액을 확인하게 될 가능성도 상당하다. 변액보험 가입 시 제안서에 명시된 기대 수익률은 수익률을 '가정'했을 때의 수익률이지 '보장' 수익률이 아니기 때문이다.

일반인의 입장에서 꾸준히 펀드 종목과 자산을 배분하는 것은 쉽지 않다. 변액보험은 결과에 대한 책임이 가입자에게 귀속되는 보험이다. 따라서 직접 경제에 대해서 관심을 가지고 잘 관리할 자신이 없다면 일정한 복리 이율로 적립되는 보험상품을 활용하는 것이 유리하며 변액보험에 가입하더라도 안정적인 펀드로 구성해야 한다. 변액보험은 구조를 잘 이해하고 잘 활용한다면 높은 수익률과 함께 비과세 혜택까지 받을 수 있는 좋은보험이지만 충분한 설명과 이해가 동반되지 않으면 나쁜 보험이 될 수 있는 대표적인 보험이다.

2) CI 종신보험

CI 종신보험은 기본적으로 사망을 보장받는 종신보험이며 중대한 질환을 보장받을 수 있지만, CI 종신보험을 통해 일반적인 질병을 보장받을 수 있다고 잘못 이해하고 가입해서 중도 해지하는 경우가 많은 상품이다. CI 종신보험은 사망보험 선지급이라는 구조로 인해 일반 종신보험에 비해 보험료가 높게 형성되며 약관상 '중대한'이라는 조건으로 인해 질병으로 보장받을 수 있는 범위는 좁다는 특징이 있다.

중대한 암의 경우 2018년 금융분쟁조정위원회의 조정례 안에 따라 보장범위가 일반암과 거의 비슷해지게 되었다. 따라서 암의 경우에는 비교적 보장을 받는 경우가 많아졌지만, 다른 중대 질환은 여전히 받기 힘든 것이 현실이므로 이러한 내용을 참고해서 납입기간 및 보험료, 기타 특약의 구성 내용을 고려하여 해지 여부를 결정해야 한다. 사망보장과 질병 및 상해 보장을 함께 가져가고 싶다면 사망보험과 종합보험 두 개의 상품으로 구분하는 것이 현명하다.

종신보험 연금
전환 시 주의사항

종신보험의 연금 전환 기능은 사망보장의 니즈가 떨어지는 시기에 적립된 금액을 바탕으로 연금을 수령하여 생활비로 활용할 수 있다는 장점이 있다. 종신보험의 연금 전환 기능에서 주의해야 하는 사항에 대해서 알아보자.

첫 번째로 연금 수령 금액이 낮을 가능성이다. 종신보험의 수령 금액은 보험계약에 적립된 해지환급금을 기초로 결정된다. 따라서 연금을 전환할 때에는 해지환급금을 확인해야 하는데, 해지환급금이 낮게 형성되는 상품이라면 연금으로 전환하더라도 받을 수 있는 수령 금액 또한 적게 형성된다. 종신보험은 상품에 따라 해지환급금이 다르기 형성되기 때문에 사망보험금뿐만 아니라 연금 전환도 함께 고려하여 해지환급금이 높은 종신보험인지를 확인해야 한다. 따라서 종신보험에 가입할 때에는 상품의 최저보증이율 또는 확정이율로 명시된 해지환급금 예상 금액을 확인하고 가입해야 한다. 종신보험은 기본적으로 사망을 보장하는 보장성 보험이기에 해지환급금이 낮은 상품들이 많아 주의가 필요하다.

두 번째는 특약의 소멸 가능성이다. 종신보험을 연금으로 전환하게 되면 대부분의 상품은 기존에 가입되어있는 보장내용들이 사라지는 구조를 가지고 있다. 예를 들어 암 진단비 특약이 포함되어있는 종신보험을 연금으로 전환하면 연금으로 전환하는 순간 암 진단비 보장을 받지 못하게 되는 것이다. 사망보장과 종합보장을 함께 가져간다면 생명보험사와 손해보험사로 상품을 구분하여 가입하는 것이 합리적이라고 앞의 장에서 설명했던 것은 단순 보험료 및 보장내용뿐만 아니라 나중에 연금을 전환할 경우를 생각하더라도 보험을 나누어 가입하는 것이 추후 상품을 활용하는 데 있어 더욱 효율적이기 때문이다.

보험의 개념을 정립했다면
보험의 특징과 차이점을 확인하는 과정은
나에게 맞는 보험을 찾아가는 과정이다.

chapter
8

올바른
보험 비교

**GOOD INSURANCE
USER GUIDE**

올바른
보험 비교

나에게 맞는 보험

보험에 대한 개념을 정립하고 보험의 구조 및 특약 등에 대해서 이해하더라도 현재 나의 상황에서 어떤 보험으로 보장자산을 구성하는 것이 유리한지에 대해서는 개념을 잡기 어려울 수 있다. 보험과 상품 구조의 차이에 따른 비교를 통해 나에게 적합한 보험을 알아보자.

성인보험 vs 어린이보험

어린이보험은 보험 나이 30세 이하인 경우 가입이 가능하며 성인보험은 보험 나이에 상관없이 가입이 가능하다. '성인이면 성인보험으로 가입해야 하는 것이 아닌가?'라는 생각을 할 수 있지만, 어린이보험으로 가입이 가능하다면 어린이보험으로 가입하는 것이 현명하다.

성인보험과 어린이보험의 차이는 보험 나이 30세 이하라는 가입 고객층의 차이로 인해서 발생한다. 통계적으로 보험 나이 30세 이하의 피보험자는 성인에 비해 각종 질병에 대한 위험률이 현저하게 낮고 보험사에서 질병으로 인해 보험금을 지급할 것으로 예상하는 시기도 보험에 가입하고 난 후 몇십 년이 지난 이후로 예상이 가능하기 때문이다. 이러한 이유로 인해 어린이보험은 가입금액 한도, 보험료, 납입면제 기능, 면책 및 감액 조건 등에서 성인보험에 비해 경쟁력이 경쟁력이 부여되어있다. 하나씩 차이점을 살펴보자.

1) 가입금액 한도

보험에 가입할 때에는 넓은 보장범위의 특약을 우선적으로 구성해주어야 한다. 그리고 보장범위가 넓은 특약들은 가입 가능한 한도가 낮은 경우가 많다. 예를 들어 뇌혈관질환과 허혈성 심장질환의 경우 성인보험은 일반적으로 1천만 원 한도로 가입이 가능하지만, 어린이보험으로 가입할 경우 1천만 원 이상으로 가입이 가능하다. 유사암 진단비 특약의 경우에도 마찬가지로 성인보험은 일반적으로 1천만 원 한도지만, 어린이보험은 1천만 원 이상으로 가입이 가능하다. 넓은 보장범위로 많은 한도로 가입이 가능하기에, 충분히 보장받고 싶어 하는 가입자에게 큰 경쟁력으로 작용한다.

2) 보험료

성인보험과 어린이보험으로 같은 보장내용을 구성할 때 어린이보험으로 가입하는 것이 보험료가 더 저렴하다. 보장내용을 어떻게 구성하느냐에 따라서 성인보험과 비교해서 보험료 차이가 별로 나지 않는 경우도 있지만, 최대 15% 이상까지 보험료 차이가 발생하기도 한다. 스마트폰을 살 때 같은 기종이면 당연히 저렴한 것을 사는 것처럼 보험료는 고정적인 비용에 해당하기 때문에 당연히 보험료가 저렴하게 형성되는 어린이보험으로 가입하는 것이 유리하다.

3) 납입면제 기능

납입면제 조건이란 특정 질병 또는 일정 수준 이상의 후유장해가 발생할 경우 차후의 보험료 납입을 면제해주는 상품의 기능이다. 납입면제에 해당하는 조건 또한 어린이보험이 성인보험보다 넓게 형성된다. 성인보험의 납입면제에 해당하는 질환은 일반적으로 일반암(유사암 제외), 뇌졸중, 급성심근경색이지만 어린이보험의 경우 일반암, 유사암, 뇌혈관질환, 허혈성 심장질환으로 진단 시 추후 보험료를 면제받을 수 있다. 어린이보험은 납입면제 범위가 더욱 넓게 형성되어 혹시라도 특정 질환이 발생하게 될 경우 납입면제를 적용받을 수 있는 가능성이 더욱 높다는 장점이 있다.

4) 면책 및 감액 조건

성인보험의 경우 암 진단비는 일정 기간(90일) 동안 보장하지 않는 면책기간이 있고 특약에 따라 가입 후 1년까지는 보험사고 발생 시 50%만 보험금을 지급하는 감액 및 제한 조건 등이 있다. 하지만 어린이보험에서는 이러한 면책 및 감액 조건이 없거나 완화되어있는 경우가 대부분이기 때문에 새로 보험에 가입하거나 리모델링 할 경우 혹시 모르는 보장 공백을 우려하는 가입자에게 큰 강점으로 작용한다.

어린이보험 / 성인보험 비교

구분	어린이보험	성인보험
가입금액 한도	상대적으로 높음	상대적으로 낮음
보험료	상대적으로 저렴	상대적으로 비쌈
납입면제 사유	상대적으로 넓음	상대적으로 좁음
감액/면책기간	없거나 짧음	상대적으로 김

이러한 이유들로 인해 종합적으로 성인보험과 어린이보험을 비교하였을 때 어린이보험으로 가입이 가능하다면 어린이보험으로 가입하는 것이 종합적으로 합리적인 선택이다.

유병자보험도
여러 종류가 있다

유병자보험은 병력이 있는 사람을 대상으로 심사조건을 완화시켜 보험가입이 가능하도록 설계된 상품이다. 따라서 병력이 있더라도 유병자보험 가입을 통해 질병 및 상해를 보장받을 수 있다는 장점이 있다.

유병자보험에도 여러 종류가 존재한다. 유병자보험이 분류되는 기준은 보험가입 시 고지의무에 따른 차이로부터 발생한다. 계약 전 알릴 의무에 따라 보험료가 달라지는 유병자보험의 종류에 대해서 알아보자.

1) 325 유병자보험

325 유병자보험은 3개월 이내 입원/수술/추가검사 필요소견, 2년 이내 상해/질병으로 인한 입원 및 수술, 5년 이내 암으로 인한 진

단/입원/수술이 없을 경우 보험가입이 가능하다.

2) 333 유병자보험

333 유병자보험의 조건은 3개월 이내 입원/수술/추가검사 필요 소견, 3년 이내 상해 질병으로 인한 입원 및 수술, 3년 이내 중대 질환에 해당하지 않는 경우 보험가입이 가능하다. 중대 질환은 보험사마다 조금씩 차이가 있으며 일반적으로 암, 협심증, 심근 경색, 뇌졸중, 심장판막증, 간경화 등이 포함된다.

3) 1Q 유병자보험

1Q는 하나의 알릴 의무만 질문하는 상품이다. 보험사에 따라서 차이가 있고 5년 이내 암, 뇌졸중, 심장질환에 대한 진단 및 입원, 수술 기록이 없으면 가입이 가능하다.

유병자보험 분류

구분	333 간편보험	325 간편보험	1Q 간편보험
계약 전 알릴의무	3개월 이내 입원/수술/추가검사 3년 이내 입원/수술 3년 이내 중대질환	3개월 이내 입원/수술/추가검사 2년 이내 입원/수술 5년 이내 암 진단/입원/수술	5년 이내 중대질환
보험료	333 간편보험 〈 325 간편보험 〈 1Q 간편보험		

유병자보험은 계약 전 알릴 의무에 해당되는 사항이 있으면 가입이 거절되지만 계약 전 알릴 의무에 해당하더라도 보험사에서 명시한 경증 질환 및 수술에 해당한다면 가입이 가능하다. 같은 유병자보험 상품이라도 계약 전 알려야 하는 질문 내용이 많을수록 보험료는 저렴해지고 적을수록 보험료는 높아진다. 보험사들이 가입자들의 니즈를 충족시키기 위해 335/31/2Q 유병자보험 등 새로운 상품들을 지속해서 출시하고 있다는 부분을 참고하여 과거 병력으로 인해 유병자보험에 가입해야 하는 상황이라면 바로 유병자보험에 가입할 것이 아니라 본인에게 해당하는 고지 내용을 확인하고 저렴하게 가입할 수 있는 조건의 유병자 상품을 찾는 것을 추천한다.

순수보장형 vs 만기환급형

만기환급형 상품은 만기에 일정 금액을 돌려받을 수 있는 상품이며, 순수보장형 상품은 만기환급금 없이 보장보험료로만 구성되어있는 상품이다. 개인의 가입 목적과 환경에 따라서 유리한 상품이 다를 수 있지만, 기본적으로는 순수보장형 상품으로 가입하는 것이 유리하다.

만기환급형은 나중에 일정 금액을 환급받을 수 있는 대신 순수보장형 상품보다 보험료가 높게 형성된다. 만기 환급금액에 따라 보험료가 2배 이상 차이가 나는 경우도 있기 때문에 순수보장형 상품과 저축 및 환급을 목적으로 하는 상품으로 구분하여 가입하는 것이 유리하다. 보험은 목적에 따라 최적화되어있는 상품이 다르게 형성되며 만기 시 돌려받는 환급금액이 그 시기에 꼭 필요한 금액이 아닐 수 있으므로 순수보장형 상품으로 가입하고 만기환급 상품과의 보험료 차액을 다른 보험으로 가입하거나 다른 비용으로 활용하는 것이 합리적이다.

순수보장형 / 환급형 비교

구분	순수보장형	환급형
내용	보험 만기시 환급금 없음	보험 만기시 환급금 있음
특징	보장보험료로 구성되어 보험료 저렴	환급을 받는 만큼 보험료 증가

적절한 보장기간은?

만기를 언제까지 설정해야 할지에 대해서 고민하는 사람들이 많다. 보장기간이 길면 좋은 건 알고 있지만, 실제로 내가 언제까지 살 수 있을지 알 수 없기 때문이다. 보장기간에 대한 기준을 정립한다면 보험가입 시 만기를 설정하는데 발생하는 어려움을 줄일 수 있다.

1) 종합보험 100세 vs 90세

100세와 90세만기 중 어느 보장이 더 좋을까? 당연히 보장기간이 긴 100세만기가 좋다. 보장범위가 넓을수록 보장을 받을 가능성이 높아지는 것처럼 보장기간이 길수록 보장을 받을 가능성이 높기 때문이다. 요즘은 100세 시대라고 불리고 있을 정도로 의학기술과 정기검진의 발달로 평균수명은 계속해서 증가하고 있으며, 평균수명이 증가한 만큼 질병에 대한 위험은 더욱 커지게 되었다.

불과 20년 전까지만 해도 만기는 80세가 가장 긴 보장기간이었다. 하지만 20년이 지난 현재 평균수명은 벌써 80세가 넘었으며, 요즘 보험 가입자들에게 80세만기는 충분히 보장받기에는 짧은 만기가 되었다. 따라서 보장기간을 길게 가입해야만 나중에 추가적으로 보험에 가입하거나 다시 가입하는 상황을 방지할 수 있다.

보장기간은 길수록 좋다. 하지만 개인마다 보험료에 대한 예산이 다르기에 보험료 부담을 줄이고 싶다면 납입기간 또는 만기를 조정함으로써 보험료 부담을 줄이는 것이 보험 유지에 있어서 개인에게 더욱 효율적일 수 있다.

2) 태아보험 30세 vs 100세

태아보험의 경우 30세만기와 100세만기를 고민하는 부모들이 많다. 마찬가지로 보장기간이 긴 100세만기로 가입하는 것이 유리하다. 반대로 30세만기로 가입하는 보험의 장점은 저렴한 보험료다. 보장받는 기간이 짧고 질병 발생 가능성이 매우 낮게 형성되기 때문에 가입금액을 최대한으로 설정해도 보험료는 저렴하게 형성되기 때문이다. 하지만 30세만기로 가입할 경우 30세가 되면 보장이 끝나므로 보험을 다시 가입해야 하기에 결과적으로 더 많은 보험료를 납입해야 하며, 30세 이전에 질병이 발생하게 될 경우 보험을 추가적으로 가입하는데 제한 사항이 발생할 수 있다는 단점이 있다. 따라서 30세만기의 태아보험은 현재 내가 보험료 부담을 최소화하고 싶을 때에 선택하는 설정 방법이다.

※ 계약전환제도

계약전환제도는 어린이보험에 있는 특약으로 30세만기로 가입한 경우 보장내용의 만기를 연장할 수 있는 기능이다. 계약전환제도는 아직 보편화되거나 정착된 제도는 아니고 실제로 보험사마다 만기 연장이 가능한 특약이 다르고 조건도 다르지만 30세만기로 보험에 가입하는 경우에는 계약전환제도를 잘 활용하면 추후 상대적으로 저렴한 보험 요율을 적용받아 만기를 연장할 수 있다. 계약전환제도는 아는 만큼 보장받을 수 있는 보험상품의 대표적인 기능이다.

갱신형 vs 비갱신형

갱신형과 비갱신형은 무엇이 더 좋다기보다는 잘 알고 활용하면 보장자산을 더욱 충실하게 가져갈 수 있는 효율적인 상품이다. 갱신형과 비갱신형에 대해서 알아보자.

갱신형 / 비갱신형 비교

구분	갱신형	비갱신형
내용	일정 주기마다 보험료 갱신	갱신되지 않는 보험료 납입
납입기간	보장기간	정해진 기간
특징	초기 보험료 저렴 장기적으로 보험료 높아짐	상대적으로 보험료 높음

1) 갱신형

갱신형 상품은 전략적으로 활용하면 좋은 상품이다. 갱신형 상품은 보장기간 동안 계속해서 보험료를 납입하는 이번 달 보험료를 납입하고 이번 달 보장받는 개념이다. 보험료가 주기적으로 갱신되고 계속해서 납입해야 하므로 결과적으로 해지하게 되기 때문에 평생 보장의 개념으로는 적합하지 않다. 하지만 갱신형 상품은 보험료가 저렴하게 형성된다는 장점이 있으므로 일정 기간 동안 보장받고 해지할 목적으로 가입하기에 적합하다.

1) 비갱신형

비갱신형 상품은 평생 보장의 개념으로 활용하기에 좋은 상품이다. 보험료가 변하지 않는다는 장점이 있으며 일정한 만기를 설정하고 가입하기 때문에 보험에 가입하고 납입을 완료하면 추가적인 보험료에 대한 부담 없이 보장만 받을 수 있다. 비갱신형 상품은 미래 보험료를 먼저 납입하는 개념이라 갱신형과 비교하면 상대적인 보험료는 높게 형성되지만 장기적으로 볼 때 총 보험료는 갱신형보다 저렴하게 형성된다. 그리고 납입면제 조건에 해당되는 보험사고가 발생한다면 차후의 보험료를 면제받으면서 평생 보장받을 수 있다는 장점도 존재한다.

보장자산을 구성할 때에는 평생 보장의 개념으로서 비갱신형 상품을 우선적으로 구성하고 갱신형 상품을 추가적으로 구성하는 것이 좋다. 한창 경제활동을 하는 시기에는 수입 감소, 생활비 등 질병으로 인한 경제적인 위험이 더욱 크게 다가오는 시기이므로 은퇴 시기까지 유지할 목적으로 보험료가 저렴한 장점이 있는 갱신형 상품을 활용하면 효율적인 보장구성이 가능하다.

종신보험 vs 정기보험

종신보험과 정기보험은 사망을 준비하는 대표적인 생명보험사 상품이다. 보장범위는 동일하지만 보장기간 및 환급금의 차이로 인해 보험료 차이가 발생한다. 보험료를 저렴하게 가져가고 싶다면 정기보험으로 가입하는 것이 효율적이며, 정기보험의 정해진 만기에 대해 불안하다면 언젠가 반드시 보장받을 수 있는 종신보험으로 가입하는 것이 좋다. 종신보험의 보험료는 정기보험에 비해 높게 형성되지만 환급성이 높은 종신보험의 경우 적립금액이 원금 이상이 되어 나중에 연금 및 생활비로 활용이 가능하므로 보험료 납입에 여유가 있다면 종신보험으로 가입하는 것을 추천한다.

종신보험 / 정기보험 비교

구분	종신보험	정기보험
보장내용	일반사망	일반사망
보장기간	종신토록 보장	정해진 기간동안 보장
특징	상대적으로 보험료 높음 적립금액 연금전환 가능	보험료 저렴

다이렉트 vs 설계사

다이렉트 보험은 보험사 홈페이지를 통해 직접 보험에 가입하는 상품이다. 설계사를 통하지 않고 직접 가입하기에 상대적으로 보험료가 저렴하다는 장점이 있다. 하지만 다이렉트 상품의 경우에는 상품 및 특약이 제한적이고 세부적으로 가입금액을 조정할 수 없어 비효율적인 보장구성이 되는 경우가 상당히 많다. 때문에 종합보험은 효율적으로 보장구성이 가능하고 세부적으로 금액 설정이 가능한 설계사를 통해 가입하는 것이 낫다. 하지만 자동차보험, 실손의료비 보험과 같이 보장내용이 표준화되어있는 상품이라면 다이렉트로 가입하는 것도 좋은 방법이 될 수 있다. 보험사 홈페이지에서 상담을 요청해서 보험에 가입하는 것은 다이렉트 보험이 아닌 설계사를 통해 가입하는 보험이라는 것을 참고하자.

A보험사 vs B보험사 차이?

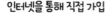

우리나라에는 30개가 넘는 보험사들이 보험상품을 판매하고 있다. 여러 보험사에서 판매하는 다양한 상품들은 어떤 차이가 있는 것일까? 전체적으로 보면 보험상품에 큰 차이는 없지만, 세부적으로 보면 조금씩 차이가 있는데 어떠한 부분이 다른지 살펴보자.

1) 약관

같은 특약이라도 보험사마다 다른 약관을 가지고 있다. 즉 다른 보장내용으로 구성된다는 뜻이다. 같은 특약이지만 보장하지 않는 사항이 다르거나 같은 질환이라도 진단의 정의가 다른 경우도 있다. 또한 보험사마다 경쟁력을 갖추기 위해 자체적으로 특약을 출시하거나 보장범위를 확대하는 경우도 있어 이러한 약관상의 차이가 보험사를 차별화시키는 요인이 된다.

2) 보험료

같은 특약이라도 보험사마다 다른 보험료가 형성된다. 이러한 보험료 차이는 보험사의 사업비 및 손해율 등의 변수가 보험사마다 다르게 적용되기 때문이다. 또한 보험료에는 마케팅적인 요소도 반영되어있다.

3) 심사 결과

보험사마다 심사 결과는 다르게 나올 수 있다. 보험사마다 세부적으로 서로 다른 인수 기준을 가지고 있기 때문이다. 하나의 보험사에서 심사 결과가 부담보 조건이나 할증이 붙는 조건이라도 다른 보험사에서는 정상 인수가 되거나 완화된 조건으로 인수가 되는 경우도 있다.

위와 같은 차이로 인해 개인의 보장구성과 병력 등에 따라 유리한 보험사는 달라질 수 있다. 이처럼 보험사 차이를 잘 활용하면 더욱 효율적인 보험가입이 가능하다.

이전 실비 vs 요즘 실비

실손의료비 보험은 많은 고객의 문의 대상이 되는 보험이다. 실손의료비 보험은 계속해서 개정되면서 약관이 변경되었고 어느 시기에 실손의료비 보험에 가입했느냐에 따라 받을 수 있는 보장내용의 차이가 발생하면서 어떻게 유지하는 것이 효율적인지 갈피를 잡기 어렵게 되었기 때문이다.

특히 2017년 4월 개정된 실손의료비 보험을 '착한 실비'로 지칭하게 되면서 개정된 실비가 좋은보험이고 이전 실비가 나쁜 보험이라는 인식도 발생하게 되었다. 예전 실비와 요즘 실비의 차이점이 무엇이고 어떻게 가져가는 것이 좋을까?

이전 실비의 장점은 높은 환급률과 보장범위다. 실제 치료비에 따라 보상받을 수 있는 실비보험은 상품이 개정됨에 따라서 그 환급률이 조금씩 감소하고 있으며 보장범위 또한 손해율이 높은 치료들을 보장범위에서 제외하거나 특약으로 분리하여 공제금액을 상향시킴으로써 보험료를 낮추고 있기 때문이다. 반대로 단점은 좋은 보장내용에 따른 높은 보험료다. 젊은 가입 층에서는 이전 실비와 요즘 실비보험료에 큰 차이가 없지만, 높은 연령층에서는 보험료 차이가 매우 두드러지는데, 나이가 들어감에 따라 보험금을 더 많이 청구하고 수령하는 것이 반영되기 때문이다.

이전 실비에 가입한 상황에서 요즘 실비로 전환하는 것을 고려하는 가입자라면 먼저 자신이 실비 혜택을 자주 보는지를 확인해 보는 것이 필요하다. 실비보험의 혜택을 많이 보고 있다면 보험료가 높다고 하더라도 기존 실비를 유지하는 것이 유리하기 때문이다. 어느 정도 연령대가 있는 가입자라면 이전 실비를 유지하고 갱신되는 보험료 부담이 너무 커질 때 실비를 전환하는 것도 보험을 효율적으로 유지하는 좋은 방법이다. 젊고 건강한 가입자라면 요즘 실비로 바꾸는 것이 저렴한 보험료로 유지가 가능하다는 측면에서 더욱 유리할 수 있다.

사실 시기에 따른 실비를 비교하면 요즘 실비가 이전 실비보다 보장내용이 덜 좋다는 것뿐이지, 지금 실비의 내용도 충분히 좋다. 축소된 보장도 있지만 반대로 확장된 보장도 있고 그만큼 보험료가 저렴하기 때문이다. 요즘 실비도 보험사 손해율이 너무 높아 계속해서 개정이 계속해서 이루어지고 있는 상황임을 고려하면 요즘 실비로 전환하는 것에 큰 부담감을 가질 필요는 없을 것으로 보인다.

좋은보험에 가입했다면
이를 활용할 줄 알아야 한다.

chapter
9

좋은보험
활용하기

GOOD INSURANCE
USER GUIDE

좋은보험
활용하기

종신보험 연금 전환

보험을 활용할 수 있는 대표적인 방법으로 종신보험을 연금으로 전환하는 기능을 뽑을 수 있다. 종신보험은 피부양 가족을 중심으로 가입하는 상품이며 대표적인 피부양 가족인 자녀들이 경제적으로 독립하는 시기가 오면 종신보험의 역할은 크게 감소한다. 이런 경우 종신보험을 연금으로 전환하여 수령함으로써 생활비로 활용이 가능하다.

종신보험 가입시 확인사항

최저보증이율

추가납입/중도인출

예상 적립금액

　종신보험을 연금으로 전환하여 활용을 염두에 두고 있다면 가입 시점부터 잘 확인해서 가입해야 한다. 연금액은 적립된 금액을 재원으로 설정되기 때문에 적립된 금액이 적다면 수령 받을 수 있는 금액도 적어 효율이 매우 떨어지기 때문이다. 종신보험은 기본적으로 사망을 보장하는 보장성 보험이기에 대부분 상품은 환급성이 좋지 않지만, 상품에 따라서 확정이율 또는 최저보증이율을 보장하여 높은 환급을 받을 수 있는 상품이 존재한다. 따라서 종신보험을 연금으로 활용하기 위해서는 종신보험의 최저보증이율, 추가 납입, 중도 인출 기능, 예상 해지환급금액을 잘 확인하고 가입해야 한다.

감액완납제도

감액 완납제도란 계약자가 보험료를 유지하기 어려운 경우, 기존 납입한 보험료의 해지환급금을 바탕으로 보험금을 감액하여 보험을 유지하는 제도다. 감액완납제도를 활용하면 개인적인 사정으로 보험을 유지하기 어려워진 경우 해지하는 것이 아닌 감액된 보장 내용을 보상받을 수 있다는 장점이 있다. 한 번 감액 완납을 신청하면 원래의 조건으로 변경이 불가하다는 점을 주의해야 한다.

보험계약 대출

보험계약 대출은 보험계약의 해지환급금을 재원으로 하는 담보대출이다. 해지환급금 내에서 대출을 받기 때문에 계약을 해지하지 않고 보험계약 유지가 가능하며 상대적으로 낮은 이율로 대출이 가능하다. 따라서 보험계약 대출은 돈이 필요한 상황에서 보장자산을 유지하면서 자금을 조달할 수 있는 효율적인 수단이 될 수 있다. 보험계약 대출은 담보대출이기 때문에 신용에 영향을 받지 않지 않고 중도 상환에 대한 수수료가 없다는 장점이 있지만 해지환급금이 적거나 없는 경우에는 대출을 받지 못하거나 조금밖에 받을 수 없다는 사실에 주의해야 한다.

추가 납입 및 중도 인출

추가 납입 제도는 가입한 보험료의 1배수 또는 2배수를 추가적으로 보험계약에 납입할 수 있는 기능을 의미한다. 저축성 보험 또는 유니버설 상품에 적용되며 저축 계획이 있어 추가적인 금융 상품 가입을 고려한다면 추가 납입 기능을 활용하면 기존에 가입한 보험상품의 조건을 적용받을 수 있으므로 새로운 금융상품에 가입하는 것보다 더 좋은 조건으로 저축 또는 적립이 가능하다.

추가 납입은 보험료에서 빠져나가는 사업비를 낮추는 효과를 발생시킨다. 추가 납입금에 대해서는 사업비가 없거나 매우 낮은 비율로 적용되기 때문에 전체 사업비가 줄어드는 효과가 발생하며 적립 효율이 증가한다. 추가 납입 기능을 활용하면 원금 도달에 시간이 소요되는 보험상품의 원금 도달 기간을 줄일 수 있으므로 적립을 목적으로 보험에 가입한다면 처음부터 추가 납입을 고려하여 보험료를 설정해주는 것이 좋다.

중도 인출은 보험계약에 적립된 금액 이내에서 인출 할 수 있는 기능이다. 보험 유지 중 금전이 필요한 경우 해지하지 않고 보험을 유지할 수 있다는 장점이 있으며 인출하는 경우 인출된 금액에 따라 해지환급금 및 보장금액이 줄어들 수 있다. 저축성 보험이라면 연금 전환 이전에 자금을 활용할 수 있는 수단이 되며 종신보험의 경우에도 사망보험금의 니즈가 줄어드는 시점에 적립금액을 활용하는 것이 가능하다. 이처럼 추가 납입 및 중도 인출 기능은 비유동성의 특징을 갖는 보험계약에 유동성을 부여하여 가입자가 적립금액을 유동적으로 활용할 수 있는 주요한 기능이다.

추가납입 / 중도인출 기능

구분	추가납입	중도인출
적용보험	연금보험 및 유니버셜 종신보험	
기능	납입보험료의 1배수 또는 2배수 추가 납입	적립금액의 일부 중도인출
특징	추가보험료 적립 및 사업비 감소 효과	해지 없이 적립금액 활용 가능

숨어있는 보험금 찾기

숨어있는 보험금이란 고객이 찾아가지 않은 보험금으로 분할보험금, 배당금, 연금, 휴면보험금, 사망보험금 등을 의미한다. 본래 받아야 하는 권리가 있지만 청구를 하지 않아 발생하는 금액으로 보험을 제대로 관리하지 못하는 경우에 발생한다. 따라서 이러한 부분에 해당되는지 여부를 따져보고 받을 수 있는 보험금이 있다면 보험사에 청구해서 받아야 한다. 숨어있는 보험금은 주로 보상받을 수 있는 보험사고가 발생했음에도 청구하지 않은 보험금과 계속 보험료를 납입하지 않아 실효 상태가 된 보험의 해지환급금이다.

보험으로 세금 줄이기

보험은 세금과 관련된 혜택이 많은 보험상품이다. 어떠한 절세효과가 있는지 알아보자.

1) 보장성 보험 세액공제
보장성 보험은 연간 보험료 납입액의 100만 원 한도 내에서 지방세를 포함하여 13.2%에 해당되는 금액을 세액공제 받을 수 있다. 또한 장애인 전용보험으로 보험료를 납입하는 경우에는 16.5%를 공제받을 수 있다.

2) 보장성 보험 보험금
계약자와 수익자가 동일한 경우 보장성 보험의 보험금은 위험에 대한 보상이므로 과세되지 않으며, 계약자와 수익자가 다른 경우에는 증여세 또는 상속세가 과세될 수 있다.

3) 저축성 보험 보험차익

저축성 보험에서 보험차익이란 계약에 따라 만기에 받는 보험금 또는 중도 해지함에 따라 받는 환급금에서 납입한 보험료를 공제한 금액을 의미한다. 저축성 보험은 10년 이상 유지되는 경우 보험차익에 대하여 비과세 혜택을 받을 수 있으며, 월 적립식 계약의 경우에는 월 보험료 150만 원 이하, 종신형 연금보험계약의 경우 55세 이후부터 연금 수령 등의 조건이 충족되면 비과세 혜택을 받을 수 있다.

4) 연금저축

연금저축은 보험을 유지하는 동안 세금을 부과하지 않고 나중에 적용받을 수 있는 대표적인 과세이연 상품이다. 납입한 연금저축 보험료에 대하여 연간 최대 400만 원 한도로 세액공제를 받을 수 있으며, 연간 근로소득 5,500만 원(종합소득 4,000만 원) 이하인 경우 지방세를 포함하여 16.5%를 공제받을 수 있고 이상인 경우에는 13.2%를 공제받을 수 있다.

5) 상속 수단으로 활용

생명보험은 상속을 준비할 수 있는 대표적인 금융상품이다. 사망보험금은 일반적으로 납입한 보험료보다 더 많은 금액을 보험금으로 수령할 수 있다는 장점이 있어 자녀를 위한 상속의 수단으로서 많이 활용되고 있다.

사망보험금은 민법상 상속인의 고유재산이지만, 세법상 상속재산으로 간주하여 상속세의 대상이 된다. 가입자와 피보험자, 수익자를 어떻게 설정하느냐에 따라서 과세 기준이 달라지는 점을 참고하여 보험을 이용한 상속 계획을 세워야 한다.

사망보험금 과세기준

보험계약 관계자	과세기준
계약자 = 피보험자 ≠ 수익자	상속세 부과
계약자 ≠ 피보험자 ≠ 수익자	증여세 부과
계약자 = 수익자 ≠ 피보험자	비과세

1) 계약자 = 피보험자 ≠ 수익자

계약자와 피보험자가 같은 경우, 수익자가 받는 사망보험금은 상속재산이 되며 상속세가 부과된다.

2) 계약자 ≠ 피보험자 ≠ 수익자

계약자와 피보험자, 수익자가 다른 경우, 수익자가 받는 사망보험금은 계약자의 증여재산이 되며 증여세가 부과된다.

3) 계약자 = 수익자 ≠ 피보험자

계약자와 수익자가 같은 경우, 피보험자의 사망으로 인한 사망보험금은 계약자가 보험료를 납부하고 받은 보험금으로서 비과세된다.

생명보험은 상속의 목적 외에도 다른 상속재산의 세금을 충당하기 위해 재원을 마련하는 수단이 되기도 한다. 보험을 통해 효율적으로 상속을 준비할 수 있다는 것을 알아두자.

보험 관련 사이트

보험과 관련하여 참고하면 좋은 사이트에 대해서 소개한다.

○ **숨은 보험금 조회**(생명/손해보험 협회)

https://cont.insure.or.kr/cont_web/intro.do

○ **질병분류 및 코드 확인**(질병분류 정보센터)

https://www.koicd.kr/main.do

○ **금융상품 거래단계별 핵심정보 제공**(금융감독원)

https://www.fss.or.kr/main/prc/main.jsp

○ **보험료 비교**(보험다모아)

https://e-insmarket.or.kr/intro.knia

○ **생명보험협회 공시실**

https://pub.insure.or.kr

○ **손해보험협회 공시실**

http://kpub.knia.or.kr/main.do

우리가 보험에 가입하는 이유는
보상받기 위함이다.

chapter
10

제대로
보상받기

**GOOD INSURANCE
USER GUIDE**

제대로
보상받기

보험 관련 서류 정리하기

제대로 된 보상은 보험과 관련된 서류를 잘 정리해두는 것으로 부터 시작한다. 잘 정리해두어야 할 서류들은 어떤 것들이 있는지 알아보자.

1) 보험증권

보험증권은 보험계약의 내용을 증명하는 문서다. 증권을 통해 내가 어떤 항목에 대해 보장받을 수 있는지 확인이 가능하다. 보험을 여러 개 가입했다면 필요할 때에 보장내용을 확인할 수 있도록 바인더 등으로 정리해놓는 것이 좋다. 증권을 분실하였을 때에는 보험사 고객센터에 연락하면 우편 및 이메일 등으로 재발급이 가능하다.

2) 가입제안서 및 보험계약 청약서

가입제안서 및 보험계약 청약서는 보험에 가입할 때 내가 가입한 보험상품의 구조 및 내용, 해지환급금 예시표, 보험가입 시 유의사항, 계약 전 알릴 의무 등의 내용이 포함되어있다. 내가 가입한 보험에 대해 궁금한 사항은 대부분 가입제안서와 청약서에서 확인이 가능하다.

보험금
청구 시 필요 서류

의료비에 대해 보험금을 청구할 때에는 보험금을 지급받기 위해 보험사고의 내용과 진단 및 치료를 받았음을 증명하는 서류가 필요하다. 보험금을 청구할 때에 필요한 서류에 대해서 알아보자.

1) 처방전

병원이나 의원에서 진료가 끝나면 받는 문서로 약국에 제출하여 약을 구매할 때 사용한다. 처방전에는 질병코드가 포함되어있어 보험금 청구 시에 활용이 가능하다.

2) 진료비 영수증

진료비 영수증은 내가 어떤 진료를 받았고 금액이 어떻게 계산되어있는지 확인할 수 있는 서류로써 계산 영수증에는 국민건강보험이 적용되는 급여항목과 적용되지 않는 비급여 항목으로 나누어서 비용이 명시된다. 또한 급여항목은 환자가 부담하는 본인부담금과 건강보험공단에서 부담하는 공단부담금으로 나누어진다. 진료비 영수증은 실제로 의료비용이 얼마나 발생했는지를 확인할 수 있는 자료로써 보험금 청구에 활용된다.

3) 진료비 세부 내역서

진료비 영수증에 나와있는 항목들을 세부적으로 나타내는 서류다. 진료비 세부 내역서에서는 진료행위에 대한 코드 및 치료 및 처방 일자 등을 구체적으로 확인할 수 있어 구체적인 보험금을 산정하는 데 활용된다. 최초 1회는 환자의 알권리 보호차원에서 무료로 발급받을 수 있음을 참고하자.

4) 진단서

진단서란 의사가 다른 사람의 신체에 관하여 진찰 또는 검사한 결과를 종합하여 생명이나 건강 상태에 대한 의견과 판단을 작성한 문서를 의미한다. 보험금 산정 시 환자의 현재 상태에 대한 의학적인 판단을 위해 활용된다.

보험금을 청구할 때에는 앞에서 설명한 주요 서류 외에도 보험금을 지급하는 사유에 따라서 보험사에서 추가적으로 초진 차트, 영상검사 자료 등을 요구할 수 있다. 추가적으로 요구되는 서류는 따로 발급을 받아야 하지만 기본적인 서류들은 평소 병원에 다니면서 미리 챙겨놓으면 나중에 별도로 발급받아야 하는 번거로움을 줄일 수 있다.

보험금 청구하는 방법

보험금을 청구하는 방법은 점차 간편해지고 있다. 소액보험금인 100만 원까지는 처방전, 영수증, 진단서 등의 사본 제출을 인정해줌으로써 직접 원본을 제출해야 하는 번거로움이 줄어들게 되었고 모바일 앱, 홈페이지를 통한 청구가 활성화되면서 더 빠른 청구와 보상이 가능해졌기 때문이다.

보험사고가 발생했을 때는 고객센터, 담당 설계사 등에게 확인하여 보험금 청구에 필요한 서류를 먼저 안내받고 서류를 준비하

여 보험사 방문, 모바일 앱, 홈페이지, FAX, 우편 등을 통해 보험
금을 청구하면 보상받을 수 있다.

필요하다면 전문가의
도움을 받아라

보험금 청구가 간편해짐에 따라 가입자가 혼자 해결할 수 있는
범위가 넓어졌다. 그러나 보험금을 지급받는 과정에서 여러 진단
내용과 치료 내용이 있어 보장받을 수 있는 금액이 가늠이 안 되
거나 받을 수 있다고 생각했는데 지급을 받지 못하는 경우가 발
생할 수 있다. 이런 경우에는 보험약관을 확인해보거나 지급 사
례를 확인해보는 방법도 있지만 스스로 문제를 해결하는 것이 어
렵다면 보험 전문가의 도움을 받는 것이 현명한 선택이다. 보험
금 청구는 본인이 직접 책임져야 하는 부분이지만 수령하는 과정
속에서 어려운 부분은 전문가의 도움을 받으면 더욱 수월하게 업
무 처리가 가능하기 때문이다. 이런 경우에는 담당 설계사에게
도움을 청하고 지급 과정에서 분쟁이 발생한다면 손해사정사의
도움을 받는 방법도 있다.

삶의 인생 주기에 따라
필요한 보장자산의 내용은 달라진다.

chapter
11

나이에 따른
보장자산 형성하기

**GOOD INSURANCE
USER GUIDE**

나이에 따른
보장자산 형성하기

사회초년생

사회초년생은 경제활동을 시작하면서 저축을 시작하는 시기에 있다. 부모님으로부터 경제적으로 독립하는 과정에서 다양한 금융 활동을 새로이 접하게 되고 보험 및 주식 등 재테크에 대한 관심이 생기게 되는 시기이다. 이 시기부터 자산을 형성하면 저렴한 보험료로 보장자산을 구성할 수 있으며 보험상품의 복리 효과를 최대로 활용할 수 있다는 장점이 있다. 사회초년생이라면 목적자금을 형성하기 위해 기본적인 보장자산을 구축하고 노후를 위해 저축을 시작해야 한다.

사회초년생은 기본 보장자산으로 실손의료비와 건강보험을 구성하고 복리 효과를 오래 적용받을 수 있는 연금 형태의 자산을 일찍부터 준비해두는 것이 좋다. 추가적으로 본인의 운전 여부와 치아 상태 등을 고려하여 자동차보험 및 운전자보험, 치아보험을 선택적으로 가입하면 된다.

사회초년생에게 필요한 보험

구분	보장 자산
기본적 보험	실손의료비 보험 / 건강보험 / 연금보험 가입 (계약자 전환 → 본인)
선택적 보험	자동차보험 / 운전자보험 / 치아보험 가입

사회초년생 시기에는 소액으로 보험상품을 포함한 다양한 금융상품을 실제로 경험해보는 것이 좋다. 이러한 과정에서 본인의 저축 및 투자성향에 대해서 알게 되고 다양한 금융상품에 대한 경험은 나이가 들면서 자산을 형성하는 데 있어 큰 도움이 되는 요소로 작용하기 때문이다. 사회초년생이 저축하는데 가장 영향을 많이 미치는 부분은 소비통제이므로 본인의 소비 습관을 파악

하고 건전한 소비생활을 갖추기 위해 노력해야 한다.

신혼부부

결혼은 두 개인이 합쳐 하나의 가정을 이루는 과정이다. 그 과정 속에서 부부는 각자와 서로의 경제상황을 공유하고 하나의 가정으로서 경제적 활동을 함께 해나가야 하므로 서로가 보유한 금융상품에 대해서 알고 이를 이해하는 과정이 필요하다. 가족이 생기게 된 만큼 위험에 대한 보장자산을 더욱 충실하게 구성해야 하며, 새로운 환경에서 생활하는데 필요한 보험을 준비해두어야 한다.

신혼부부는 실손의료비 보험과 건강보험, 미래를 위해 연금보험을 잘 유지하고 보강해주는 것이 필요하며, 사는 집에서 발생할 수 있는 화재의 위험을 화재보험으로 준비해야 한다. 마찬가지로 개인의 상황을 고려하여 자동차보험 및 운전자보험, 치아보험, 사망보험을 준비해주는 것이 필요하다.

우리나라는 결혼을 하면서 담보대출을 통해 집을 분양받는 경우가 많아 대출이자 및 상환 비용으로 지출되는 금액이 수입의 많은 부분을 차지하는 편이다. 이런 상황에서 사고 및 질병으로 인한 경제적인 위험은 가정의 경제에 더욱 치명적인 요인으로 작용하므로 부부는 서로의 보험을 점검하고 기본적 보장자산이 제대로 구성되어있지 않다면 이를 보완해주는 것이 필요하다. 그 외의 자산은 저축 및 투자상품을 활용하여 자녀 양육 및 노후에 대한 준비를 해야 한다.

신혼부부에게 필요한 보험

구분	보장 자산
기본적 보험	실손의료비 보험 / 건강보험 / 연금보험 가입 또는 유지 화재보험 가입
선택적 보험	사망보험 / 자동차보험 / 운전자보험 / 치아보험 가입

자녀를 둔 가장

맞벌이 가정이라면 결혼을 통해 저축할 수 있는 금액은 많아지지만, 외벌이 가정이라면 결혼 이후 저축할 수 있는 금액은 줄어든다. 그리고 자녀가 생긴다면 양육비로 인해 지출되는 비용으로 인해 저축할 수 있는 금액은 더욱 줄어드는 상황이 발생한다. 피부양 가족이 있고 자녀의 생계를 혼자서 부담하는 상황이라면 가장에게 발생할 수 있는 위험이 곧 가정 전체의 경제적인 위험으로 이어질 수 있다는 것을 이해하고 이를 준비하는 것이 필요하다.

맞벌이 가정이라면 각자의 수입 및 역할에 맞추어 보장금액이 적절하게 설정되어있어야 한다. 이와 함께 재무 목표를 실현하고 소비 만족을 높이기 위해 수입 자체를 높이기 위한 방법을 강구해야 한다.

자녀를 둔 가정이라면 기존에 가입한 보험을 잘 유지하면서 본인의 위험이 가족 전체의 위험으로 작용하기에 부족한 부분이 있다면 이를 충분하게 보강해주는 것이 필요하다. 자녀보험 가입을 통해 자녀의 위험을 대비하고 피부양 가족을 위해 사망보험에 가입해주는 것이 좋다.

자녀를 둔 가장에게 필요한 보험

구분	보장 자산
기본적 보험	실손의료비 보험 / 건강보험 / 연금보험 / 화재보험 가입 또는 유지 사망보험 / 자녀보험 가입
선택적 보험	자동차보험 / 운전자보험 / 치아보험 가입

은퇴 시기

은퇴 시기가 되면 노후를 대비하는 것에 초점을 맞추어야 한다. 그동안 보장자산을 잘 구축해 놨다면 기존에 가입한 보험을 통해 혜택을 볼 수 있는 시기이다. 기존에 가입한 금융상품들을 잘 유지하면서 필요에 따라 그동안 형성한 자산을 실제 생활비에 활용할 수 있는 금액으로 전환해야 하는 시기이다.

은퇴 시기는 기존의 가입한 보험을 잘 유지하면서 납입을 마무리하는 단계이며, 선택적으로 간병보험 및 치매보험에 가입하면 노인성 질환으로 인한 경제적인 비용과 가족들의 시간적인 부담을 경감시킬 수 있다.

은퇴시기에 필요한 보험

구분	보장 자산
기본적 보험	실손의료비 보험 / 건강보험 / 연금보험 / 화재보험 사망보험 / 자녀보험 유지(계약자 전환 → 자녀) 간병보험 / 치매보험 가입
선택적 보험	자동차보험 / 운전자보험 / 치아보험 가입

은퇴 이후

은퇴 이후에는 그동안 형성된 자산을 바탕으로 보장을 받는 시기로서 은퇴 이전까지 얼마나 보장자산을 잘 형성해놓았느냐에 따라 받을 수 있는 혜택이 달라진다. 연금보험 등의 금융상품을 연금으로 수령하여 생활비로 활용하고 혹시 모르는 사고와 질병을 보험을 통해 보장받아야 한다. 은퇴 이후는 보험에 대한 니즈가 가장 높은 시기이므로 납입이 끝나지 않은 보험에 대해 잘 유지하는 것이 중요하며 보험상품의 보험료 납입이 끝나게 되면서 경제적인 부담이 감소하는 시기이다.

은퇴 후에는 새로운 금융상품에 가입하는 것을 지양하고 경제적인 대비뿐만 아니라 취미, 운동 등 건강과 사회적 관계를 잘 유지하여 건강한 노후생활을 영위하기 위해 노력해야 한다.

은퇴이후에 필요한 보험

구분	보장 자산
기본적 보험	실손의료비 보험 / 건강보험 / 연금보험 / 화재보험 사망보험 / 간병보험 / 치매보험 유지 또는 납입 완료
선택적 보험	상속 목적의 사망보험 자동차보험 / 운전자보험 / 치아보험 가입 새로운 보험 및 금융상품에 대한 가입 지양

고객이 자주 물어보는
보험과 관련된 질문들

보험 Q & A

GOOD INSURANCE
USER GUIDE

보험 Q & A

Q. 생명보험과 손해보험은
하나씩 가입하는 것이 좋나요?

보험에 대한 정보를 얻는 과정에서 TV나 인터넷 또는 설계사의 말을 들어보면 생명보험과 손해보험을 하나씩 가져가는 것이 좋다는 정보가 있다. 정말로 그럴까? 보험사마다 하나씩 가입해야 한다는 것은 마케팅을 위한 전략일 뿐 실제 가입해야 하는 보험은 가입 목적 및 내용에 따라 유리한 보험사로 가입하면 그만이다. 사망보험과 연금보험에 가입한다면 생명보험사 상품으로 가입하고 건강보험에 가입한다면 손해보험사 상품으로 가입하는 것이 유리하다. 나에게 유리한 보험사로 가입하면 될 뿐 보험사를 일부러 나눌 필요는 없다.

Q. 보험은 수입의
일정 비율로 가입해야 하나요?

보험에 가입하는 적정 보험료에 대해 TV나 인터넷 또는 설계사의 말을 들어보면 수입의 일정 비율 이상 가입하는 게 좋다는 정보를 들어본 적이 있을 것이다. 하지만 일정 비율로 가입해야 한다는 것 또한 마케팅적인 요소가 짙다. 보험은 개인의 병력과 상황에 따른 보장금액을 기준으로 가입해야 하는 상품이다. 부양가족이 많다면 월 납입 보험료가 많을 수 있고 독신이라면 적을 수 있을 것이다. 보험은 보장자산이 충분하게 설정되어있느냐가 중요하지 보험료가 수입의 어느 정도의 비율을 차지하는지를 기준으로 삼는 것은 옳지 않다. 실제 수입이 많을수록 질병 및 사고에 대한 위험이 수익에 더 큰 영향을 미치고 수입이 늘어남에 따라서 필요한 보장자산이 늘어나기에 그만큼 보험료가 증가하는 것은 어느 정도 맞는 사실이다.

Q. 보험은 언제부터
준비해야 하나요?

보험은 보장자산으로 다른 자산을 지켜주는 역할을 수행한다. 경제활동을 한다면 보험을 함께 준비해야 재무계획을 더욱 안정적이고 효율적으로 달성할 수 있다. 보험은 일찍, 건강할 때 가입할수록 저렴한 비용으로 유리한 가입이 가능하다. 그러므로 보장자산의 기본이 되는 보장자산은 일찍부터 준비하고 선택적 보장자산은 개인의 상황과 필요에 따라 가입하는 것이 효율적이다.

Q. 매년 보험료가
오르는 것이 사실인가요?

보험상품은 정기적으로 개정될 때마다 조금씩 보험료에 변동이 생긴다. 보험료가 높아지기도 하고 저렴해지기도 하지만 일반적으로 보험료는 시간이 지남에 따라서 높아지는 형태를 보이는데, 예정이율의 감소, 나이에 따른 위험률의 증가 등을 원인으로 한다.

1) 예정이율 감소
예정이율은 보험사가 고객으로부터 받은 보험료를 가지고 보험금 지급 때까지 운용을 통해 얻을 수 있는 예상 수익률이다. 한국은행 기준금리가 조금씩 낮아짐에 따라서 보험료 산정의 기준이 되는 예정이율도 함께 낮아지고 있으며, 예상 운용 수익률이 낮아진 만큼 보험료가 높아지는 결과를 초래한다.

2) 나이 증가에 따른 위험률 증가

나이가 많아지면 통계적으로 질병에 대한 발병률이 증가한다. 이러한 위험률의 증가는 곧 보험금을 지급할 가능성의 증가를 의미하므로 이에 따라 보험료가 높아진다.

Q. 보험사가 파산하면
내 보험계약은 어떻게 되나요?

보험은 금융상품에 해당되므로 예금자보호 대상이 된다. 보험계약자 및 납부자가 법인인 보험계약, 보증보험 및 재보험 계약, 실적배당형 상품인 변액보험 주계약 등을 제외하고는 예금자보호를 받을 수 있으며 보호의 한도는 원금과 이자를 합하여 1인당 최고 5천만 원까지 개별 금융회사별로 적용받을 수 있다.

현재 우리나라에서는 보험사가 파산하더라도 다른 회사에서 인수를 하면서 계약 조건의 변경 없이 이전하는 보험계약 이전 제도가 시행되고 있다. 보험업법상에는 계약 전부를 이전하는 경우 계약 조건을 변경할 수 있다고 명시되어있지만, 현재까지 계약 조건이 변경되어 이전된 경우는 없다. 보험사 파산으로 인한 계약의 이전 가능성을 완전히 방지하고 싶다면 자금이 탄탄한 보험사로 가입하는 것을 추천한다.

Q. 보장내용을 추가할 수는 없나요?

보험에서 보장내용의 감액 및 부분 해지는 가능하지만 보장내용을 추가하는 것은 불가능하다. 기존에 가입한 보험은 청약 당시 기준으로 산정된 보험료이기 때문에 보장내용을 추가할 때에는 추가하는 날을 기준으로 새롭게 청약이 이루어져야 하기 때문이다. 하지만 보험사 및 상품에 따라 상해와 관련된 보장내용은 증액과 담보 추가가 가능한 경우도 있다.

Q. 심사를 여러 번 넣으면
나중에 가입할 때 불리한가요?

심사를 확인한 상황이라면 여러 번 심사를 받았다고 해서 나중에 보험에 가입할 때에 불리한 점은 없다. 계약 전 알릴 사항에 해당하는 부분과 심사 결과는 기록으로 남아 추후 재심사에 영향을 미칠 수 있지만 심사 횟수는 추후 가입에 영향을 주지 않는다. 하지만 고지의무에 해당되는 기간이 얼마 남지 않은 상태에서 심사를 받아 고지내용이 기록으로 남을 경우 몇 개월 뒤 고지사항에 해당되지 않아 고지하지 않더라도 심사기록을 바탕으로 보험사가 이전 병력에 대한 추가적인 고지를 요구할 수 있다. 따라서 심사를 여러 번 넣어보는 것에 대해 불안감을 가질 필요는 없으며 고지의무에 해당되는 기간이 얼마 남지 않았지만 심사를 확인하는 경우라면 확인하더라도 한두 개 보험사만 먼저 시도해보는 것이 좋다.

계약 전 알릴 의무 내용과 심사 이력은 타 보험사와 공유되지 않고 해당 보험사에서만 남으며, 고지의무에 해당되지 않더라도 보험금을 청구한 이력이 있다면 이를 바탕으로 보험사가 고지를 요구할 수 있음을 참고하자.

Q. 1일과 30일에 보험에 가입하는 차이가 있나요?

월말에 보험에 가입하고 보험료 납입 일자를 월초로 설정한 경우 며칠 사이에 보험료가 연속으로 빠져나가는 상황을 보고 의문점을 가지는 고객들이 종종 있다. 월초에 가입하고 월말을 보험료 납입 일자로 설정하면 더 유리하다는 생각이다. 하지만 그런 느낌이 들 뿐이지 언제 가입하느냐에 따라서 달라지는 것은 없다.

2000년생이 2021년도 1월에 20년납 100세만기 상품으로 가입한다고 가정해보자.

1) 1월 1일에 가입

보장기간은 100세가 되는 해인 2100년 1월 1일까지이며 보험료 납입은 2041년도 12월까지 총 240회 납입한다.

2) 1월 31일에 가입

보장기간은 100세가 되는 해인 2100년 1월 31일까지이며 보험료 납입은 2041년도 12월까지 총 240회 납입한다.

보험료를 납입하는 횟수는 20년 총 240회로 동일하며 보장받는

기간도 동일하다. 따라서 월초, 월말에 따른 보험가입은 실제 보
장내용에 차이가 없다.

Q. 유병자로 가입할까요?
몇 년 뒤에 일반보험으로 가입할까요?

보험은 현재 기준으로 최선으로 가입하는 것이 좋다. 알 수 없
는 미래의 위험을 대비하는 것이 보험이기 때문에 나중에 새로운
고지내용이 추가되어 일반보험으로 가입이 가능하다고 단정 지
을 수 없기 때문이다. 또한 나이가 들어감에 따라서 높아지는 보
험료와 축소되는 가입금액 등의 조건을 고려하면 오히려 가입 조
건이 불리해질 가능성도 있으므로 현재 기준으로 최선의 보험에
가입하는 것이 최선이다. 본인의 고지내용에 따라 저렴한 유병자
보험에 가입할 수 있음을 참고하자.

Q. 연금은 어떻게 수령할 수 있나요?

보험상품의 연금 전환은 45세부터 적립금액을 바탕으로 연금
수령이 가능하다. 연금을 수령하는 나이는 변경이 가능하며 연금

은 늦게 개시할수록 더 오래 복리 이율로 적립금이 운용되어 더 많은 금액을 연금으로 수령 할 수 있으므로 이를 고려하여 수령 시기를 결정해야 한다. 연금을 수령하는 방식은 확정형, 상속형, 종신형으로 구분된다.

1) 확정형

계약자가 신청한 연금 전환일부터 일정 기간 동안 연금액을 수령하는 방식으로 지급하는 기간은 5년, 10년, 15년, 20년 등으로 설정이 가능하다.

2) 상속형

연금 전환 시점으로부터 적립된 금액을 원금으로 발생하는 이자를 정기적으로 연금으로 수령하는 방식으로 사망 시 법정상속인에게 적립된 원금을 상속한다.

3) 종신형

연금 전환 시점을 기준으로 평균수명을 기준으로 계산된 연금액을 종신토록 수령하는 방식이며 일찍 사망하는 경우를 대비하여 지급 보증기간을 두는 상품이 많다.

연금 수령의 방식에 따라 각자 장단점이 있지만 평균수명이 증가함에 따라서 오래 살수록 더 많은 연금액을 받을 수 있는 종신형 연금을 선호하는 가입자들이 많다. 연금보험과 구분되는 연금저축은 연금보험과는 달리 55세 이후부터 연금 수령이 가능하다는 점을 참고하자.

Q. 실비가 종합보험에 특약으로 되어있는데 만기는 어떻게 되나요?

특약은 기본계약의 만기를 초과할 수 없다. 실손의료비 특약이 짧은 만기의 보험상품에 특약으로 추가되어있다면 실비의 보장기간도 기본계약과 동일하다. 따라서 만기가 짧다면 새로 가입하거나 실손의료비 전환제도를 활용하여 실비를 요즘 실비로 전환하여 분리하면 100세만기로 실손의료비 보장을 가져갈 수 있다.

Q. 단체보험으로 실비가
중복되는데 해지하는 것이 좋을까요?

단체보험과 실비가 중복되는 경우 중복보장을 받을 수는 없지만 보장한도가 높아지고 공제금액이 사라지는 효과가 발생한다. 이러한 부분을 고려해서 유지 여부를 결정하는 것이 합리적이며, 실비를 해지한다면 따로 가입한 실비보다는 변동 가능성이 큰 단체보험에 포함된 실비를 해지하는 것이 유리하다. 중복 가입의 경우 해지라는 선택지 말고도 조건을 충족한다면 계약 중지제도를 활용하여 단체보험 실비만 적용받고 추후 퇴직할 때에 기존 중지한 실비보험을 재개하여 실비보험을 유지하는 방법도 있다.

실손의료비 전환 / 중지제도

구분	실손의료비 전환제도	실손의료비 중지제도
내용	과거 실비를 현재 실비로 전환	1년 이상 일반실손 유지시 중지신청 가능 퇴직 후 1개월 이내 재개신청 → 재개시점 실비로 전환
특징	무심사 원칙 단독실비로 보험 유지 가능	단체보험 중복 해소 및 은퇴 후 보장공백 최소화

보험가입 및 리모델링 사례를 확인하고
나와 가족의 상황에 적용시키자.

맞춤형
보험 설계

**GOOD INSURANCE
USER GUIDE**

맞춤형
보험 설계

태아보험 가입

주부 여성 A씨는 결혼 후 첫 아이를 임신했다. 사랑하는 자녀에게 좋은 부모가 되기 위해 태교를 하고 육아에 필요한 정보도 알아보고 있다. 사람들과 정보를 공유하는 과정에서 빠지지 않는 태아보험 얘기에 관심을 가지게 되었다.

태아보험을 알아보는데 너무 복잡하다. 임산부와 태아 관련 보장들이 너무 많아서 뭐가 뭔지 잘 모르겠다. 보험에 가입할 수 있는 기간이 얼마 남지 않았다고 해서 서둘러서 알아보는 중인데 그냥 사람들이 많이 가입하는 내용으로 가입하려고 한다.

→ 어떤 상품이든 시간에 쫓기듯 서둘러서 가입하면 잘못 가입하게 될 가능성이 매우 높다. 태아보험은 임신 23주 이전에 가입이 가능하다는 것을 참고하여 가입이 불가한 시기에 임박하여 다급하게 준비하지 말고 미리 알아보아야 좋은보험을 선택할 수 있다.

태아보험에 가입할 때에는 우선적으로 만기를 설정해야 한다. 종합적인 보장내용으로 한 번에 가져가고 싶다면 100세만기로 설정하고 보험료를 낮추고 싶다면 계약전환제도를 고려한 30세만기로 기준을 먼저 정해야 한다. 30세 또는 100세까지 보장을 가져갈 담보와 태아 시기에만 필요한 담보를 구분하여 상품을 구분하거나 특약에 따라 만기를 조정하면 더욱 합리적으로 보장내용을 가져갈 수 있다.

태아와 유아 시기에 특히 중요한 보장은 상해 및 입원과 관련된 특약이다. 중요한 보장내용을 충분히 구성하고 이후 자녀가 성장하면서 특약이 상대적으로 비효율적으로 변하는 시기가 오면 해당 특약을 감액하거나 삭제함으로써 더욱 효율적인 보험관리가 가능하다.

태아보험 가입

1. 23주 이전까지 가입
2. 상황에 따른 만기 설정
3. 만기까지 가져갈 보장내용 설정
4. 태아 관련 특약내용 설정

보험사 상품을 조합한 보험가입

사회초년생 20대 여성 B씨는 경제활동을 시작하면서 보험가입을 고려 중이다. 20대는 어린이보험으로 가입이 가능하다고 해서 어린이보험 상품으로 알아보고 있다. 어머니가 갑상선암 병력이 있어 가족력을 고려해서 유사암 진단비를 최대한 많은 금액으로 가입하고 싶다. 보험사를 몇 군데 알아봤지만 가입 가능한 한도 금액에 차이가 없어 어떻게 해야 할지 고민 중이다.

→ 보장특약은 보험사 및 상품에 따라 가입이 가능한 한도가 다른 경우가 많다. 어린이보험은 성인보험에 비해 보장특약의 가입한도는 높게 형성되지만 이보다 더 높은 한도로 가입하고 싶

다면 보험사를 조합하여 원하는 보장금액을 맞추는 방법이 있다. 특히 어린이보험은 기본계약이나 필수 연계조건이 붙지 않는 경우가 많아 기본계약과 필수 연계조건으로 인해 보험료 부담 없이 조합이 가능하다.

보험에 가입하는 데 있어 가족력은 매우 중요한 고려사항이다. 가족 중 특정 질병을 진단받았거나 치료한 이력이 있다면 이를 고려하여 보장자산을 구성해주어야 한다.

보험사 상품을 조합하여 가입

① 필요한 보장내용 설정
② 필요한 보장금액 설정
③ 보험사 가입한도 확인
④ 한도 제한이 있으면 보험사 조합

갱신형을 비갱신형 상품으로 리모델링

30대 중반 여성 C씨는 작년 저렴한 건강보험 상품에 가입했다.

20년 동안 갱신되지 않고 100세까지 보장받을 수 있는데 생각한 보험료보다 훨씬 저렴하다는 사실을 확인하고 바로 가입했다. 저렴하게 가입했다는 생각에 만족하고 있었으나 최근 본인이 가입한 보험이 갱신형이라는 사실을 알게 되었다. 20년마다 갱신되며 100세까지 갱신되는 보험료를 납입해야 한다니 부담스럽다.

→ 20년 동안 보험료가 갱신되지 않는다는 것은 비갱신형이라는 뜻이 아니다. 비갱신형은 납입기간 동안 갱신되지 않는 보험료를 납입하고 만기까지 보장받는 상품이며 갱신형은 일정 주기마다 보험료가 갱신되는 상품을 의미한다. 따라서 20년 뒤에 갱신된다면 이는 갱신형 상품이고 100세까지 계속해서 보험료를 납입해야 한다.

갱신형 상품은 보험료가 저렴하다는 장점이 있다. 하지만 갱신되면서 높아지는 위험률로 인해 보험료가 증가하고 계속해서 보험료를 납입해야 하는 부담으로 장기간 유지하는 것이 힘들다는 단점이 있다. 비갱신형과 갱신형 상품의 장단점을 확인하고 선택하는 것은 본인의 선택이지만 저렴한 보험료를 기준으로 갱신형 보험을 선택하면 결과적으로 더 많은 보험료를 납입하게 되는 상황이 발생할 수 있다. 따라서 비갱신형으로 평생 보장받을 수 있는 자산을 형성하고 갱신형 상품을 전략적으로 활용해주는 것이 좋다.

갱신형 상품은 이번 달 보험료를 납입하고 이번 달 보장받는 개념의 상품이기에 언제 해지하더라도 손해가 아니라는 점을 알고 본인의 목적에 맞지 않은 상품이라면 바로 리모델링을 해주는 것이 유리하다.

갱신형을 비갱신형으로 리모델링

1. 갱신형과 비갱신형 차이 구분
2. 보험가입의 목적 확인
3. 개인 상황에 맞는 상품 선택
4. 주요 보장자산 비갱신형으로 구성

개인 상황에 맞춘 보험 리모델링

30대 후반 남성 D씨는 생명보험사 종신보험에 가입하고 있다. 종신보험 하나는 들어놔야 한다고 해서 2년 전에 가입했는데 결혼 생각이 없어 본인이 받지 못하는 보험을 유지하고 있는 것이 맞는지 고민하고 있다. 해지하고 싶지만 2년 동안 납입한 보험료가 아까워서 고민하다 벌써 몇 달이 지난 상황이다.

최근 회사에서 협심증을 진단받은 직장 동료가 있는데 수술 및 입원으로 며칠간 회사에 나오지 않고 있다. 동료에 대한 걱정과 함께 본인 건강에 대해서도 걱정이 되기 시작해 이번에 새로 건강보험에 가입하기 위해 알아보고 있는 중이다.

→ 결혼 생각이 없는 D씨에게 종신보험은 큰 도움이 되지 못하는 상품이다. 사망보험은 경제활동을 하는 본인이 사망한 경우 남겨진 피부양가족에게 새로운 환경에 적응할 수 있는 시간과 돈을 준비해주는 개념이기 때문이다. 종신보험을 유지하느냐에 대한 고민은 보험을 유지한다면 보험료 납입기간 동안 계속해서 떠오르는 고민거리가 될 것이다.

D씨의 경우에는 보험목적에 적합하지 않은 종신보험을 해지하고 그 보험료를 살면서 직접 수령 할 수 있는 건강보험으로 가입하는 것이 효율적이다. 건강보험을 구성할 때에는 보장자산으로써 암, 뇌, 심장을 보장받을 수 있는 3대 진단비를 우선적으로 구성하고 수술비, 후유장해 등의 보장을 구성하면서 개인의 필요에 따라 운전자보험, 주택화재보험 등을 선택적으로 가입하는 것이 개인의 상황에 맞춘 보험 가입 방법이다.

개인 상황에 맞춘 보험 리모델링

1. 개인에게 필요한 보장내용 확인
2. 목적에 맞지 않는 보험 정리
3. 우선순위에 따른 보장내용 구성
4. 개인 상황에 맞추어
   기본적 보험 및 선택적 보험 가입

보험료를 낮추고
보장금액을 높이는 리모델링

40대 초반 여성 E씨는 최근 직장 동료들과 보험에 대한 이야기를 하다가 본인 가족이 다른 사람들보다 보험료를 많이 납입하고 있다는 것을 알게 되었다. 그날 이후로 기존에 가입한 가족들의 보험 내용을 확인하고 TV와 인터넷에서 정보를 찾아보면서 기존 가입한 보험에 적립보험료가 많이 들어가 있다는 것을 알았다. 지인에게 가입하면서 알아서 잘해줬을 거라고 생각했는데 보험료의 대부분이 적립보험료로 포함되어있어 보장내용도 부족했다.

보험 정리의 필요성을 느끼고 있지만 어디서부터 정리를 해야 하는 건지 감이 잡히지 않는다. 기존에 납입했던 보험료도 아깝고 다시는 이런 일이 발생하지 않도록 제대로 가입하고 싶다.

→ 지인이라고 해서 잘해줄 것이라는 생각은 버려야 한다. 좋은보험 가입은 잘 아는 사람이라고 해서 잘 가입할 수 있는 것이 아닌 설계사의 전문성과 가입자의 노력에 의해 결정되는 것이기 때문이다. 내가 보험료를 납입하고 내가 보장받는 상품이기에 보험에 가입할 때에는 반드시 그 내용을 충분히 이해하고 가입하는 것이 중요하다.

적립보험료는 보험료를 높이는 주요한 원인 중 하나다. 만기 또는 중도 해지를 하게 될 경우 환급받기 위해 포함시키는 적립보험료는 과거 가입한 상품의 경우 납입한 금액보다 더 많은 금액을 환급받는 경우도 있지만 납입한 보험료보다 적은 금액을 돌려받는 경우가 많아 빼는 것이 좋다. 그래도 다행인 것은 적립보험료를 해지하면 그에 해당하는 해지환급금을 돌려받을 수 있다는 사실이다. 혹시 적립보험료를 제외한 보험료가 보장내용에 적합하게 형성된다면 상품 전체를 해지하지 않고 유지하면서 부족한 부분을 보완해주는 것이 유리하며 상품 자체가 보험료가 높게 형성되는 구조로 되어있거나 보장특약이 비효율적으로 설계되어 있다면 전체를 해지하고 해지환급금을 돌려받으면서 새로 보험에 가입하는 것이 유리할 수 있다.

보험료를 낮추고 보장금액을 높이는 리모델링

1. 적립보험료 및 비료율 특약 확인
2. 무해지환급형 보험 여부 확인
3. 리모델링안의 보장내용, 보험료 확인
4. 보장내용과 앞으로 납입보험료,
   기존보험 해지환급금 고려하여 결정

잘못 가입한 유병자보험 리모델링

50대 후반 남성 F씨는 고혈압으로 약을 먹는 중이다. 한 번도 병원에 갔던 적이 없고 건강에 자신이 있었기에 보험에 관심이 없었으나 최근 고혈압을 진단받고 주변에 하나둘씩 병을 앓고 있는 사람들이 생기면서 보험의 필요성을 느끼게 되었다. 고혈압으로 인해 유병자보험으로 가입해야 한다는 말을 듣고 어쩔 수 없다고 생각하며 유병자 상품으로 암, 뇌, 심장 진단비와 수술비를 받을 수 있는 보험에 가입했다. 늦게 가입하고 유병자보험으로 가입해서 보험료는 좀 높은 것 같지만 보험에 가입해놓으니 마음이 든든하다.

→ 보험은 미래의 위험을 대비하는 상품이다. 따라서 보험은 건강하고 젊을 때 가입해야 한다. 본인이 아팠던 적이 없다고 해서 건강을 자신하고 보장자산을 형성해두지 않는다면 갑자기 큰 비용이 발생하는 경우 큰 경제적인 위험에 처할 수 있다. 고혈압은 전신적인 만성 질환으로서 고혈압을 진단받을 경우에는 혈관과 관련된 질환의 발생 가능성이 특히 더 높아지므로 보장자산의 형성과 함께 꾸준한 건강관리가 매우 중요하다.

보험에 가입한 것은 잘한 일이지만 그동안 병원 이력이 없고 고혈압만 진단받아 약을 복용 중이라면 더욱 효율적으로 보장자산을 구성할 수 있다. 암과 관련된 특약은 고혈압과의 직접적인 연관성이 낮으므로 일반보험으로 가입하고 뇌, 심장 및 수술비 보장은 유병자보험으로 나누어 가입하면 같은 보장내용을 더욱 저렴한 보험료로 가져갈 수 있다.

잘못 가입한 유병자보험 리모델링

① 건강하고 젊을 때 보험가입
② 병력과 연관 없는 보장내용 구분
③ 일반보험으로 가입 가능한 보장 확인
④ 일반보험 및 유병자보험으로 보장내용 구분하여 가입

chapter 13 맞춤형 보험 설계

당신은 이제
'좋은보험'에 가입하고
활용할 준비가 되었습니다.

chapter
14

마무리하며

**GOOD INSURANCE
USER GUIDE**

마무리하며

보험은 내가
관리하는 금융상품

보험은 내가 나를 위해 가입한 금융상품이다. 따라서 스스로 보장내용을 확인하고 관리하며 이에 책임을 져야 한다. 보험은 금융상품 중에서도 내용이 특히 더 다양하고 복잡하다는 특징이 있기 때문에 보험상품을 이해하고 이를 활용할 수 있는 능력을 갖추는 것은 '좋은보험'에 가입하고 관리하며 보상받는 데 있어 매우 중요한 요소로 작용한다. 상품에 가입하고 정해진 이자를 지급받는 간단한 적금이나 예금과 달리 보험은 보험을 구성하는 과정에서부터 보험금을 청구하고 보상받는 과정까지 포함되어 더 많은 전문성이 요구된다. 따라서 당신이 좋은보험에 가입하고 이를 관리할 수 있는 능력을 갖추기 위해 스스로 노력하고 이를 도와주는 전문가를 곁에 두고 필요할 때 도움을 받는 것이 좋다. 하지만 보험기간이 평생인 것과 달리 사람과의 관계는 유한하기 때문에 결국 내 보험에 대해서 내가 책임지고 관리한다는 책임 의식을 가지고 있어야 한다.

좋은보험에
가입하기 위한 노력

좋은보험에 가입하기 위해 보험에 대해 알아보고 공부하는 노력은 보험에 가입하고 앞으로 활용하는 데 있어 매우 중요한 역할을 한다. 잘못된 보험에 잘못 가입하여 손해를 보는 상황은 결국 내가 상품에 대해 무지하기 때문에 발생한 결과라는 것을 인식하고 좋은보험에 가입하기 위해서 스스로 노력해야 한다. 그 노력은 나의 평생을 지켜줄 자산을 형성하는 토대가 될 것이다.

마무리하며

○○○○○○○○○○

보험은 평생 경제생활을 해나가는 우리에게 있어 필수적인 자산이다. 실제로 보험이라는 보장자산은 가정의 위험을 관리하고 재무 목표를 달성할 수 있는 주요 수단으로서 정말 많은 사람이 보험을 통해 여러 사고와 질병을 보험을 통해 보장받고 있다. 보험 중 나쁜 상품은 없다. 하지만 내 목적과 상황에 적합하지 않은 보험, 내가 내용을 잘 알지 못하는 보험은 나쁜 상품이 된다. 이 글의 독자들이 보험이라는 개념, 보험에서 사용되는 용어, 보장의 내용, 내가 준비해야 하는 보장자산에 대해 이해하고 좋은보험에 가입하여 활용하고 제대로 보상받기를 희망하며 이 책을 썼다.

이자율의 하락, 생산인구의 감소, 늘어나는 세금부담, 고령사회로의 전환, 취업난, 노인 빈곤 등 사회적인 환경의 변화에 따라 많은 사람이 경제적인 위험을 느끼게 되면서 돈을 효율적으로 활용하는 재테크에 대한 인식이 증가하고 중요성이 강조되고 있는 상황이다. 보험은 내가 효율적인 경제활동을 할 수 있도록 도와주는 재테크의 가장 기초가 되는 자산이다. 좋은보험에 가입하는 것으로 시작해서 똑똑한 경제활동을 바탕으로 이 책을 읽은 독자 모두가 본인의 재무 목표를 달성하고 경제적인 위험 없이 건강한 노후를 대비할 수 있기를 희망한다.

좋은보험
사용설명서

초판 1쇄 발행 2021. 7. 20.

지은이 전의진
펴낸이 김병호
편집진행 임윤영 | **디자인** 최유리
마케팅 민호 | **경영지원** 송세영

펴낸곳 주식회사 바른북스
등록 2019년 4월 3일 제2019-000040호
주소 서울시 성동구 연무장5길 9-16, 301호 (성수동2가, 블루스톤타워)
대표전화 070-7857-9719 **경영지원** 02-3409-9719 **팩스** 070-7610-9820
이메일 barunbooks21@naver.com **원고투고** barunbooks21@naver.com
홈페이지 www.barunbooks.com **공식 블로그** blog.naver.com/barunbooks7
공식 포스트 post.naver.com/barunbooks7 **페이스북** facebook.com/barunbooks7

· 책값은 뒤표지에 있습니다.   **ISBN** 979-11-6545-450-0 03320

바른북스는 여러분의 다양한 아이디어와 원고 투고를 설레는 마음으로 기다리고 있습니다.